VIAJAR SIN PRISA

40 rutas para conectar con el mundo

Traducción de Ana Isabel Sánchez

Texto de
CARL HONORÉ

Ilustraciones de
KEVIN Y KRISTEN HOWDESHELL

Viajar sin prisa te permite experimentar el mundo en toda su riqueza y maravilla.

Cuando bajas el ritmo y te lo tomas con calma, te fijas en los detalles
que hacen que cada lugar sea único. Conoces a gente y aprendes sobre
su historia y su cultura. Descubres nuevos sonidos, aromas y sabores.

Viajar despacio convierte cualquier trayecto en un
bálsamo para el alma y en un banquete para los sentidos.

Este libro es una oda a moverse por el mundo a un ritmo tranquilo.
Por eso presenta cuatro medios de transporte
más lentos: la bicicleta, el tren, el barco y tus dos pies.

Espero que leer estos viajes lentos estimule tu imaginación
y te inspire para explorar el mundo a tu ritmo.

Así que, ¿adónde viajarás primero?

ÍNDICE

VIAJES EN BARCO

VIAJES EN TREN

VIAJES A PIE

1

Parque Nacional Volcán Tenorio

COSTA RICA

- PUNTO DE PARTIDA
- RÍO CELESTE
- CATARATA
- LAGUNA AZUL

2

Gran Muralla

CHINA

- JIAYUGUAN
- YINCHUAN
- LANZHOU
- DATONG
- SHANHAIGUAN
- PEKÍN
- HUSHAN

3

Petra

JORDANIA

- ALDEA DE DANA
- WADI GHUWEIR
- FURON
- GHBOUR WHEDAT
- LA PEQUEÑA PETRA
- PETRA

4

Vía Apia

ITALIA

- ROMA
- BENEVENTO
- BRINDISI
- TARANTO

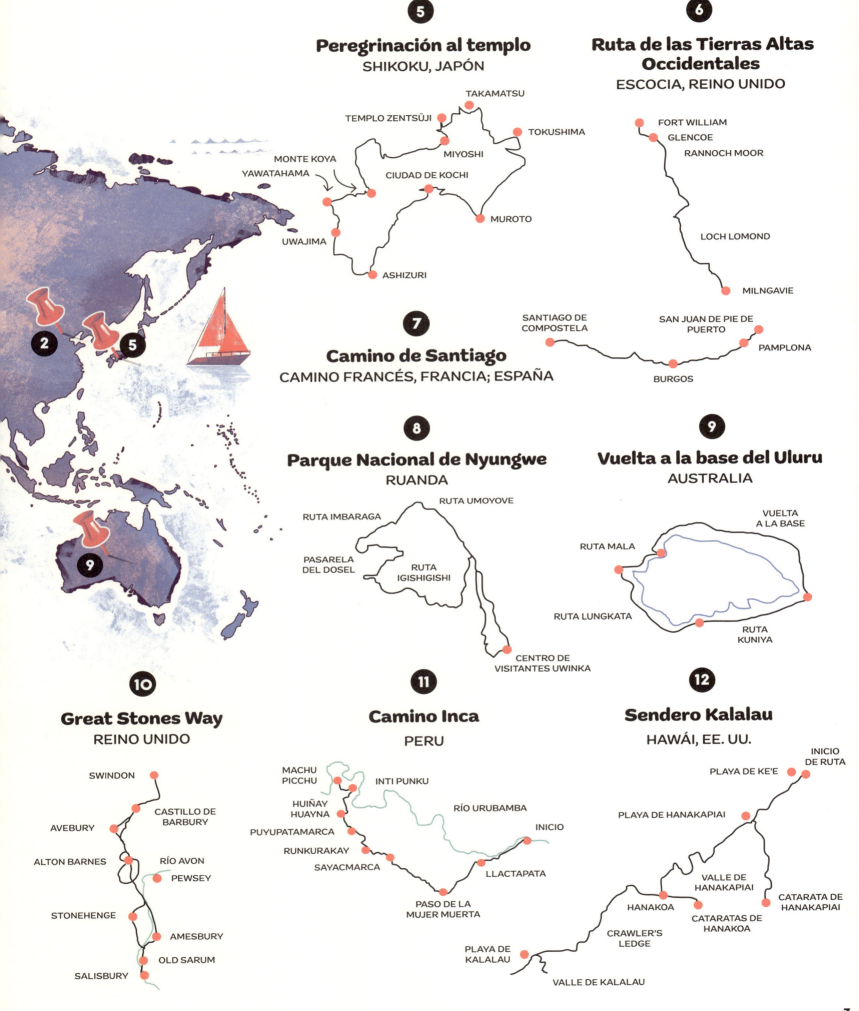

❺ Peregrinación al templo
SHIKOKU, JAPÓN

TAKAMATSU
TEMPLO ZENTSŪJI
TOKUSHIMA
MIYOSHI
MONTE KOYA
YAWATAHAMA
CIUDAD DE KOCHI
MUROTO
UWAJIMA
ASHIZURI

❻ Ruta de las Tierras Altas Occidentales
ESCOCIA, REINO UNIDO

FORT WILLIAM
GLENCOE
RANNOCH MOOR
LOCH LOMOND
MILNGAVIE
SANTIAGO DE COMPOSTELA
SAN JUAN DE PIE DE PUERTO
PAMPLONA
BURGOS

❼ Camino de Santiago
CAMINO FRANCÉS, FRANCIA; ESPAÑA

❽ Parque Nacional de Nyungwe
RUANDA

RUTA UMOYOVE
RUTA IMBARAGA
PASARELA DEL DOSEL
RUTA IGISHIGISHI
CENTRO DE VISITANTES UWINKA

❾ Vuelta a la base del Uluru
AUSTRALIA

VUELTA A LA BASE
RUTA MALA
RUTA LUNGKATA
RUTA KUNIYA

❿ Great Stones Way
REINO UNIDO

SWINDON
CASTILLO DE BARBURY
AVEBURY
ALTON BARNES
RÍO AVON
PEWSEY
STONEHENGE
AMESBURY
OLD SARUM
SALISBURY

⓫ Camino Inca
PERU

MACHU PICCHU
INTI PUNKU
HUIÑAY HUAYNA
RÍO URUBAMBA
PUYUPATAMARCA
RUNKURAKAY
INICIO
SAYACMARCA
LLACTAPATA
PASO DE LA MUJER MUERTA
PLAYA DE KALALAU

⓬ Sendero Kalalau
HAWÁI, EE. UU.

INICIO DE RUTA
PLAYA DE KE'E
PLAYA DE HANAKAPIAI
VALLE DE HANAKAPIAI
CATARATA DE HANAKAPIAI
HANAKOA
CATARATAS DE HANAKOA
CRAWLER'S LEDGE
PLAYA DE KALALAU
VALLE DE KALALAU

BAJA EL RITMO

CON LOS PEREZOSOS EN EL PARQUE NACIONAL VOLCÁN TENORIO

Los perezosos son maestros de la lentitud.

Estas plácidas criaturas pasan la mayor parte del tiempo dormidas, colgadas boca abajo en lo alto de los árboles. De vez en cuando, se despiertan para arrastrarse por una rama o mordisquear una hoja.

Una caminata por el Parque Nacional Volcán Tenorio, una deslumbrante selva tropical de Costa Rica, te permite pasar un rato con los perezosos en su hábitat natural.

El volcán inactivo, Tenorio, le confiere al paisaje un aspecto electrizante, como de otro mundo. De las grietas que hay en el suelo, llamadas fumarolas, brotan nubes de humo.

El olor a sulfuro impregna el aire cerca de las fuentes termales.

Cuando caminas por los puentes colgantes, ves que la frondosa selva cobra vida con infinidad de matices de verde, ya que los tonos cambian según el ángulo del sol. Las hojas muertas añaden notas de dorado, rojo, naranja y amarillo.

El color que realmente destaca es el asombroso azul cielo de las aguas del río Celeste. Se debe a una reacción química entre minerales volcánicos.

Aunque quizá prefieras la historia que cuenta la gente de la zona: que Dios mojó su pincel en el río mientras pintaba el cielo.

El lugar donde los colores de la selva tropical se combinan de una manera más espectacular es la catarata del río Celeste. Allí el agua se precipita desde una altura de noventa metros hasta una poza de un color turquesa centelleante rodeada de flora esmeralda.

Gran parte de la fauna vive en lo alto de las copas de los árboles. Eso significa que tienes que ir despacio para verla.

Un excursionista paciente quizá vea un mono carablanca en las alturas o un coatí de nariz blanca husmeando más abajo, entre la maleza.

Los seres humanos no pueden bañarse en la selva tropical, pero los animales sí.

Si reduces la marcha durante el tiempo suficiente, tal vez te recompense la imagen de un perezoso nadando en las celestiales aguas azules. Sirviéndose de sus largos brazos, el perezoso se desplaza con rapidez hacia el otro lado, donde puede volver a centrarse en la importante tarea de descansar.

DESCUBRE LA ESCALERA
QUE SUBE HASTA EL CIELO

La Gran Muralla China es la construcción más larga del mundo.

Se extiende a lo largo de más de 21 000 kilómetros, la mitad de la longitud del ecuador de la Tierra. Recorrerla desde un extremo hasta el otro requeriría muchos meses.

Los gobernantes chinos construyeron la Gran Muralla hace más de dos mil años.

Se erigió para ahuyentar a los invasores extranjeros y proteger el comercio en la famosa Ruta de la Seda.

Serpentea subiendo y bajando colinas y montañas, atraviesa praderas y mesetas, recorre cumbres escarpadas, cruza selvas densas y desiertos.

La Gran Muralla no es una única muralla. Es una red de fortificaciones que incluye barreras naturales tales como ríos y cumbres montañosas. Las partes artificiales comprenden desde murallas de piedra con almenas y parapetos hasta montículos de tierra.

Las secciones de piedra y ladrillo varían entre los cinco y los catorce metros de altura. Muchas son lo bastante anchas como para que diez personas marchen la una junto a la otra por la parte superior.

Caminar por ella es como viajar atrás en el tiempo. Te puedes imaginar que eres uno de los millones de soldados que han patrullado por la Gran Muralla a lo largo de los siglos.

El tramo de la Gran Muralla conocido como la Escalera Celestial no es más que un conjunto de escalones de ladrillo aferrados al costado de un risco.

Imagina que entras en una torre de vigilancia para escudriñar el horizonte en busca de invasores. Te arremolinas en torno a una hoguera en los barracones para intentar conservar el calor. Rezas por tu vida en uno de los antiguos santuarios o templos.

Es tan empinada que parece que lleve directamente al cielo.

DEAMBULA POR LA CIUDAD ROSA DE PETRA
EN UNA AVENTURA DESÉRTICA

Se tardan cinco días en llegar caminando desde Dana hasta Petra, pero cada paso te guía por miles de años de historia.

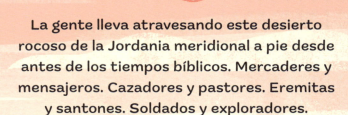

La gente lleva atravesando este desierto rocoso de la Jordania meridional a pie desde antes de los tiempos bíblicos. Mercaderes y mensajeros. Cazadores y pastores. Eremitas y santones. Soldados y exploradores.

Nadie conoce los antiguos senderos mejor que los beduinos, los pueblos nómadas que llegaron hasta aquí en camellos en una fecha tan temprana como el siglo XIV.

«Bedu» significa «morador del desierto» en árabe. A pesar de su historia de nomadismo, ahora la mayor parte de los beduinos viven en pueblos o aldeas. Sin embargo, algunos trabajan como guías en la ruta que lleva desde Dana hasta Petra.

Esta ruta no es fácil. El camino es escabroso y polvoriento. El calor resulta abrasador durante el día y por la noche hace un frío que hiela.

No obstante, el paisaje es deslumbrante.

Subes y bajas montañas majestuosas, dejas atrás lechos de ríos secos y antiguas minas de cobre, atraviesas desfiladeros profundos y cumbres con caídas tan pronunciadas que te provocan un nudo en el estómago.

Quizá avistes lobos, hienas y zorros del desierto, así como lagartos y buitres.

Por la noche, podrías alojarte en un campamento beduino, donde te sientas en torno a una hoguera a contar historias antes de dormir bajo las estrellas del desierto.

El recorrido termina en Petra, imponente capital de una civilización perdida.

Tanto su panal de templos y tumbas como sus jardines, sus cuevas y su enorme anfiteatro están esculpidos en altísimos acantilados de arenisca.

A Petra se la conoce como «la Ciudad Rosa» porque aquí el color de la piedra es una sorprendente mezcla de rojos, rosas y marrones.

Construida hace unos dos mil años por los nabateos, hoy Petra es una de las maravillas del mundo y, sin duda, se te quedará grabada en la memoria.

RECORRE EL CAMINO QUE LLEVA A ROMA

POR LA VÍA APIA

Los romanos construyeron calzadas por todo su vasto imperio.

Es posible que la Vía Apia, en Italia, sea la calzada romana más famosa de todas.

La conocida como «Reina de las Calzadas» une Roma, por el oeste, con Bríndisi, en la costa suroriental. Hace dos mil años, estaba llena de viajeros a pie o en carros.

La mayoría se ha modernizado, pero hay tramos que se conservan como en la época romana: una alfombra de piedras desgastadas bordeada de arquitectura clásica.

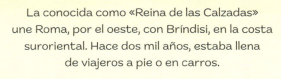

La Vía Apia está salpicada de ruinas romanas. Puedes deambular por el desmoronado circo Majenciano, donde las multitudes se reunían antaño para ver las carreras de cuadrigas.

Maravíllate ante palacios y acueductos antiguos, villas, catacumbas y murallas.

Siéntate en los restos de las termas de Caracalla e imagina que te relajas en las aguas humeantes junto con otros mil seiscientos romanos agotados.

Las colinas y llanuras verdes te invitan a alzar la vista. Pero también merece la pena mirar hacia abajo, porque la propia vía es una impresionante proeza de la ingeniería.

Un poeta llamado Horacio les dijo a sus conciudadanos romanos que «viajaran despacio» por la Vía Apia. Hoy, su consejo nos recuerda que recorrerla a pie es la mejor manera de experimentar la rica historia de esta legendaria calzada.

Como muchas calzadas romanas, la Vía Apia es totalmente recta durante tramos muy largos.

Caminar por aquí es revisitar una época en la que era cierto que la mayoría de los caminos llevaban a Roma.

COMPARTE UNA SONRISA
EN EL CAMINO DE SHIKOKU

Este camino de unos 1200 kilómetros rodea la isla japonesa de Shikoku y une 88 templos en una ruta circular.

El viaje dura unas seis semanas a pie, pero, como dijo una vez un peregrino, «Lo que importa no es el destino, sino el acto de llegar hasta allí».

Esta antigua peregrinación honra a Kukai, también conocido como Kobo Daishi, un monje budista del siglo IX.

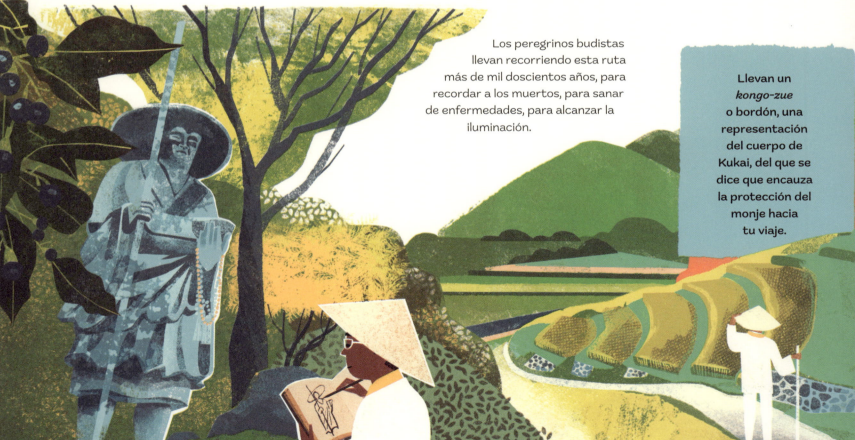

Los peregrinos budistas llevan recorriendo esta ruta más de mil doscientos años, para recordar a los muertos, para sanar de enfermedades, para alcanzar la iluminación.

Llevan un *kongo-zue* o bordón, una representación del cuerpo de Kukai, del que se dice que encauza la protección del monje hacia tu viaje.

En el templo Zentsuji, una pagoda de madera de cinco pisos se alza junto a un alcanforero gigante, como aquel bajo el que Kukai se sentó hace más de mil años.

Bajo tierra, sientes todo el poder del peregrinaje cuando cruzas a pie un pasaje de 100 metros en completa oscuridad.

Los templos son una fiesta para los sentidos. El olor a incienso en el aire. El tintineo de las campanas de oración. Los peregrinos salmodiando en voz baja. Los faroles de latón proyectando una luz cálida sobre la caligrafía de textos sagrados.

Los peregrinos llevan montones de *osamefuda* —etiquetas con su nombre— que dejan en todos y cada uno de los 88 templos. También se entregan como tarjeta de visita o como muestra de agradecimiento a las personas que conoces por el camino.

Los peregrinos siguen vistiendo las ropas blancas tradicionales que representan la inocencia y la pureza, así como un sombrero de juncia para protegerse del sol y la lluvia.

A lo largo de la ruta reina una gran camaradería. Los desconocidos te ofrecen cobijo o cuencos de *sanuki udon*, el manjar de Shikoku. No te preocupes si no tienes nada que ofrecer a cambio. Bastará con que compartas una sonrisa y una de las etiquetas con tu nombre.

EXPERIMENTA LA APABULLANTE BELLEZA

DE LA WEST HIGHLAND WAY

Quienes recorren la West Highland Way en Escocia sienten dos cosas a la vez.

Se sienten hechizados por la majestuosidad del terreno y atormentados por la historia de batallas y traiciones sangrientas.

La ruta de la West Highland Way serpentea a lo largo de 154 kilómetros por senderos que en el pasado lejano transitaban pastores y soldados.

Jamás te imaginarías que dos clanes con sus respectivos *kilts* —el clan Gregor y el clan Colquhoun— disputaron aquí la salvaje batalla de Glen Fruin hace cuatrocientos años.

El *loch* Lomond, el lago más grande de Escocia, es una maravilla natural. Sus orillas, famosas por una canción tradicional, están rodeadas de bosques densos, calas arenosas y playas de guijarros. Cuando la niebla cubre el agua y los árboles, el *loch* Lomond parece un cuadro lleno de paz.

Rodeado de montañas imponentes, Rannoch Moor —un páramo enorme y vacío salpicado de peñascos y alfombrado de brezos morados y helechos naranjas— captura la cruda belleza de las Tierras Altas.

Es posible que en el brezal veas una perfecta casita blanca... y después los restos de una granja destruida hace tiempo.

Glencoe es un mágico valle de laderas verdes y cumbres pedregosas. Los ciervos salvajes mordisquean el musgo y los helechos mientras las águilas planean en las alturas.

Glencoe también fue el escenario de una conocida masacre. En 1692, los miembros del clan Campbell pasaron aquí doce días como invitados del clan MacDonald. La última noche, mataron a sus anfitriones mientras estos dormían.

Recorrer la ruta de la West Highland Way es un recordatorio de que hasta los paisajes más hermosos pueden albergar un pasado brutal.

DI «BUEN CAMINO»

EN EL CAMINO DE SANTIAGO

Esta antigua ruta cubre miles de kilómetros y se extiende como una red gigante por toda Europa.

Muchos parten de San Juan de Pie de Puerto, Francia, pero en esta ruta, estés donde estés, el destino siempre es el mismo: la ciudad española de Santiago de Compostela.

Los peregrinos cristianos llevan mucho tiempo recorriendo el Camino hasta el lugar en el que se dice que está enterrado el apóstol Santiago.

Santiago era uno de los doce discípulos de Jesús. El primer peregrino se llamó Alfonso II y era rey de Asturias. Alfonso caminó más de 300 kilómetros hasta Santiago para visitar la tumba del apóstol. Eso sucedió hace mil doscientos años.

Desde entonces, millones de personas han seguido los pasos de Alfonso. Algunos peregrinos recorren el Camino por motivos religiosos. Otros quieren pasar un tiempo en la naturaleza, conocer la historia y la cultura o, sencillamente, ponerse a prueba.

En el Camino, los peregrinos se saludan diciendo «buen camino» para desearse una buena ruta a Santiago. Antiguamente, el saludo era «Ultreia».

En el pasado, los lugareños les daban pan y vino a los caminantes cansados. Hoy en día, los desconocidos comparten comida, agua y ánimos.

Los peregrinos medievales solían llevar una concha de vieira en la capa o el sombrero. La utilizaban para coger la comida y la bebida.

Ahora, las conchas de vieira se utilizan, junto con unas flechas amarillas, para señalizar el Camino.

Puedes unirte al Camino en cualquier punto. Hay gente que dice que incluso empieza en la puerta de tu casa: sal, echa a andar hacia Santiago... y ya estás en el Camino.

CONTEMPLA EL BOSQUE DE NYUNGWE

A VISTA DE PÁJARO

No necesitas alas para contemplar el espectacular paisaje de Nyungwe a vista de pájaro.

Solo tienes que hacer frente a la pasarela del Dosel, que se eleva por encima de este inmenso refugio natural.

Las suimangas reales, pintadas con todos los colores del arcoíris, revolotean de una rama a otra.

Nyungwe es un paraíso para los observadores de aves. Los picozapatos atrapan serpientes con su peculiar pico.

Ese parloteo chirriante que oyes a lo lejos no lo hace un animal de cuatro patas.
Es la llamada del charlatán cuellirojo.

Caminar despacio y en silencio aumenta las posibilidades de que veas una de las trece especies de primates que habitan en el Nyungwe.

Quizá veas un chimpancé sentado en una higuera, mirándote con gesto descarado...,

o una cría de colobo, sorprendentemente blanca de pies a cabeza.

Con tan solo fijarte en la cabeza ancha y ovalada entenderás por qué el cercopiteco de cara de búho se llama así.

Pero lo primero que te llama la atención son sus nalgas azules.

Da igual cuál veas, todos los primates de Nyungwe son tan asombrosos que querrás sacar una cámara o un bloc de dibujo.

Hecha de cuerdas y barras de aluminio, la estrecha pasarela del Dosel se alza a 70 metros del suelo. Incluso a esta altura se capta el olor de la selva: un intenso buqué de hojas, madera en descomposición, plantas y tierra húmeda.

Puede que, al principio, la pasarela del Dosel te dé un poco de miedo. Pero una vez que te acostumbres a la altura, querrás quedarte allí para siempre, volando sobre la selva de color esmeralda como un ave embelesada.

RODEA EL SILENCIOSO GIGANTE DE ARENISCA

ULURU

El Uluru es un monolito gigante de roca que brota
de un desierto en el Territorio del Norte, en Australia.

Gente de todo el mundo acude a maravillarse ante su grandiosidad y a sentir su antiquísimo poder espiritual.

«Uluru» es una palabra del dialecto pitjantjatjara,
hablado por los anangus, el pueblo aborigen
australiano al que pertenece esta tierra.

Su civilización es una de
las más antiguas del mundo y su
vínculo sagrado con el Uluru se
remonta a hace miles de años.

Lo primero que te llama la atención del Uluru es que cambia de color según el ángulo del sol.
Puede ser naranja, morado o color óxido. Al amanecer y al anochecer, es de un rojo deslumbrante, como si ardiera.

Lo segundo en lo que te fijas es en su enorme tamaño.
Es tan grande que se ve desde el espacio.

Los geólogos nos dicen que
la naturaleza forjó esta maravilla
de arenisca hace quinientos
millones de años.

El pueblo anangu cree que
los espíritus de sus ancestros
lo crearon en el inicio
de los tiempos.

Recorrer el sendero de diez kilómetros que rodea el Uluru implica comprender ambos relatos.

Eones de viento y lluvia
han esculpido formas
espectaculares en la piedra:
cuevas y grietas, valles
pronunciados y bóvedas
elevadas, grutas y huecos
profundos.

Las paredes de las cuevas están marcadas con misteriosas
pinturas de hace miles de años. Mientras caminas por
el paisaje desértico, sintiéndote empequeñecido por la
arenisca silenciosa, percibes que el Uluru es mucho
más de lo que parece a primera vista.

SIENTE LA MAGIA
DE LA GREAT STONES WAY

Las preguntas no dejan de surgir cuando recorres la Great Stones Way en el sur de Inglaterra.

¿Por qué forman un círculo esas piedras gigantescas? ¿Cómo llegaron hasta aquí hace 4500 años?

La Great Stones Way zigzaguea entre campos y prados salpicados de misteriosos monumentos de la época prehistórica. Recorrer este camino es admirarse de cómo remodelaban el paisaje las civilizaciones antiguas.

A lo largo de la ruta hay túmulos funerarios cubiertos de hierba y cimientos de piedra que datan de hace miles de años, con enormes lomas circulares y zanjas excavadas en la tierra por razones desconocidas. ¿Los neolíticos cavaron esa larga trinchera para guiar a los peregrinos? ¿Para venerar a los muertos? ¿O para acoger torneos de tiro con arco?

El mayor misterio es el del círculo de piedras conocido como Stonehenge.

Cuando te acercas a Stonehenge desde la distancia,
las ovejas pastan a tus pies tal como lo habrían hecho en el Neolítico.

Según la leyenda, un mago llamado Merlín se sirvió de su magia para transportar estas enormes rocas.

Los arqueólogos opinan que los constructores del Neolítico las arrastraron hasta aquí con trineos de madera.

Nadie sabe a ciencia cierta por qué se tomaron tantas molestias. Teniendo en cuenta cómo se refleja el sol en las rocas, puede que Stonehenge fuera un calendario gigante para predecir las estaciones y los eclipses, una herramienta para estudiar las estrellas o un templo a los dioses.

Aún hoy, algunas personas piensan que Stonehenge posee un poder místico. Hay paganos contemporáneos que celebran rituales aquí, pues creen que catorce líneas ley, que canalizan la «energía terrestre», convergen en este punto. En torno a estas piedras se reúnen grandes multitudes para celebrar los solsticios de verano e invierno.

A lo mejor tú también sientes una energía o magia especial mientras recorres esta antigua ruta.

SIGUE EL CAMINO INCA

Hace seis siglos, los incas construyeron uno de los imperios más grandes y avanzados que el mundo haya conocido.

Hoy puedes recorrer el extraordinario camino que abrieron en los Andes hasta la ciudad perdida de Machu Picchu.

El Camino Inca consta de 39 kilómetros de duro ascenso y se necesitan tres o cuatro días para completarlo.
Unos escalones empinados y serpenteantes te llevan arriba y abajo por las montañas, por senderos estrechos con caídas escarpadas.

Los Andes peruanos están tan por encima del nivel del mar que para evitar el mal de altura primero debes esperar un tiempo a aclimatarte a la escasez de oxígeno.

El camino es un lugar de primera categoría para contemplar las maravillas naturales del Valle Sagrado de los Incas. Selvas densas y cañones profundos. Ríos revueltos. Cumbres montañosas nevadas.

Tal vez veas orquídeas que florecen y forman volutas de morado, rosa, naranja y amarillo. O alpacas pastando en la tundra alpina.

Cuando el camino se alza por encima de las nubes y bajas la mirada hacia la blanca neblina y la selva, te sientes como un poderoso cóndor andino.

Los incas eran magníficos canteros; el camino te lleva a atravesar túneles, bajar escaleras y rebasar edificios que ellos dejaron atrás.

Anclada en el estrecho collado entre dos cumbres de color esmeralda, Machu Picchu es la obra maestra de los incas.

Al amanecer, cuando el sol ilumina las ruinas de piedra y las montañas neblinosas, Machu Picchu se convierte en una de las grandes maravillas del mundo.

Completa la ruta y descubrirás que sus ruinas de piedra son casas y plazas, un cementerio y un templo, pasajes y miles de escalones.

VIVE
EL ESPÍRITU ALOHA
EN EL SENDERO KALALAU

Hace millones de años, en medio del océano Pacífico, varios volcanes forjaron el archipiélago de Hawái.

Cuando recorres el Sendero Kalalau, un espectacular camino costero que no está exento de peligro, sientes la presencia de los volcanes.

El sendero bordea la costa noroccidental de la isla de Kauai. Serpentea junto a cuevas y acantilados inmensos tallados en la roca volcánica. Cruza valles exuberantes y selvas tropicales.

En cierto punto, el camino no es más que una pista estrecha labrada en la ladera de una montaña, con una pronunciada caída hacia el mar agitado. Ya te imaginas por qué se llama Crawler's Ledge, «cornisa de los que reptan».

Como los polinesios que se asentaron aquí hace unos mil seiscientos años, tienes que andarte con cuidado en el sendero. El clima húmedo hace que el terreno sea resbaladizo y lodoso.

Los excursionistas cuidan unos de otros en el sendero.
Todo el mundo se saluda con un amable «¡Aloha!».

Cuando te sumerges en la cultura hawaiana,
cobras consciencia de que esta palabra es algo más que un saludo.

Aquí el «espíritu Aloha» forma parte de la vida. Encuentra la armonía
en tu interior y después emite ondas de bondad, paciencia y amor
a la gente que te rodea.

La vida silvestre es muy abundante.
Los frutos caídos impregnan el aire de un aroma
dulce y embriagador.

Un camino que sale
del sendero conduce
a una espectacular
catarata llamada
Hanakapiai.

Los valles están
entreverados de terrazas
con muros de piedra
construidos por los
primeros hawaianos.

Se precipita desde
una altura de unos 90 metros
hacia una poza natural en la
que puedes refrescarte.
El clima es caluroso y húmedo.

El sendero termina en la mística playa Kalalau. Una franja de arena. Agua azul esmeralda.
Montañas verdes amontonadas como bolos, con la cumbre besada por las nubes. Mientras te maravillas ante
esta belleza de cuento de hadas, recuerda susurrarles «Aloha» a los volcanes que contribuyeron a crearlo todo.

VIAJES EN BICICLETA

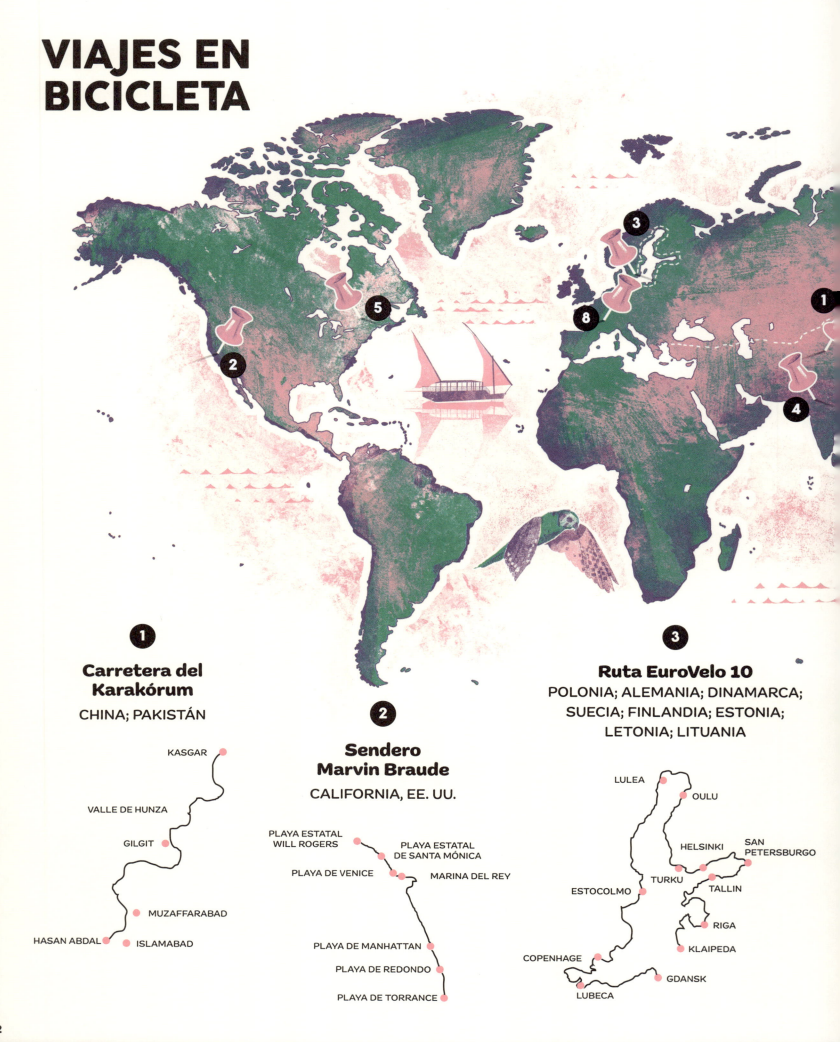

1
Carretera del Karakórum
CHINA; PAKISTÁN

KASGAR

VALLE DE HUNZA

GILGIT

MUZAFFARABAD

HASAN ABDAL   ISLAMABAD

2
Sendero Marvin Braude
CALIFORNIA, EE. UU.

PLAYA ESTATAL WILL ROGERS

PLAYA ESTATAL DE SANTA MÓNICA

PLAYA DE VENICE   MARINA DEL REY

PLAYA DE MANHATTAN

PLAYA DE REDONDO

PLAYA DE TORRANCE

3
Ruta EuroVelo 10
POLONIA; ALEMANIA; DINAMARCA; SUECIA; FINLANDIA; ESTONIA; LETONIA; LITUANIA

LULEA

OULU

HELSINKI   SAN PETERSBURGO

ESTOCOLMO   TURKU   TALLIN

RIGA

COPENHAGE   KLAIPEDA

LUBECA   GDANSK

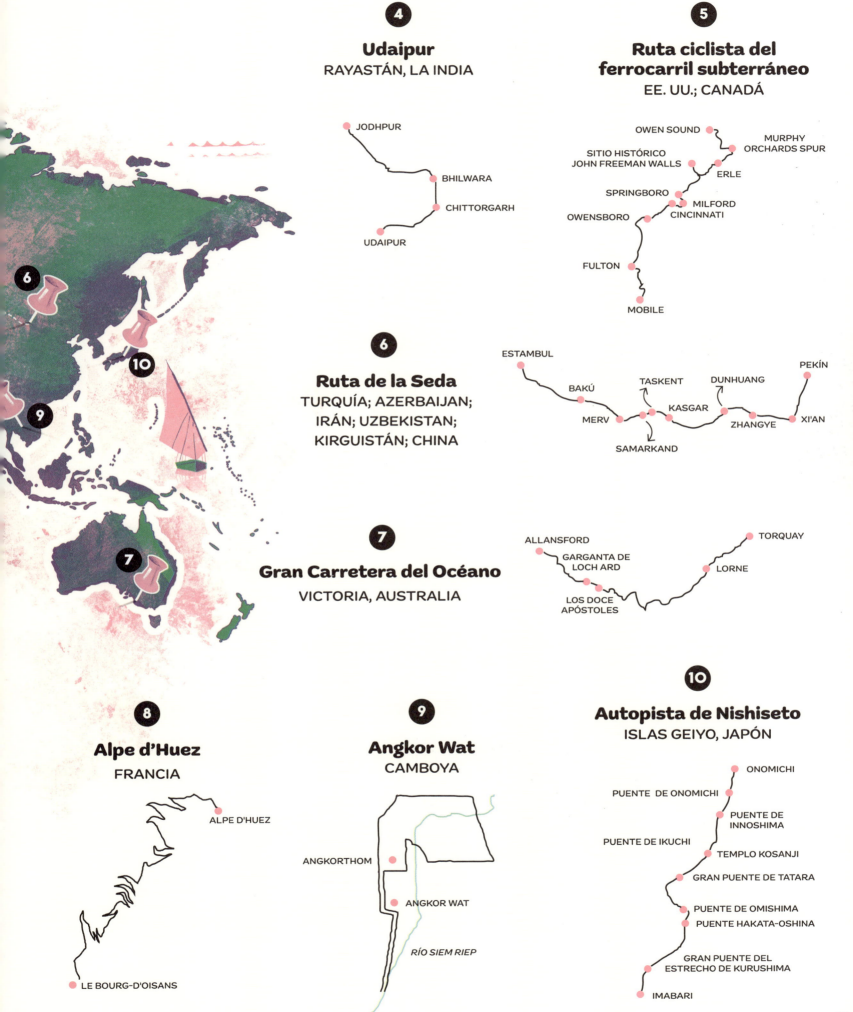

4
Udaipur
RAYASTÁN, LA INDIA

JODHPUR

BHILWARA

CHITTORGARH

UDAIPUR

5
Ruta ciclista del ferrocarril subterráneo
EE. UU.; CANADÁ

OWEN SOUND

MURPHY ORCHARDS SPUR

SITIO HISTÓRICO JOHN FREEMAN WALLS

ERLE

SPRINGBORO

MILFORD

OWENSBORO

CINCINNATI

FULTON

MOBILE

6
Ruta de la Seda
TURQUÍA; AZERBAIJAN; IRÁN; UZBEKISTAN; KIRGUISTÁN; CHINA

ESTAMBUL

BAKÚ

TASKENT

DUNHUANG

PEKÍN

MERV

KASGAR

ZHANGYE

XI'AN

SAMARKAND

7
Gran Carretera del Océano
VICTORIA, AUSTRALIA

ALLANSFORD

TORQUAY

GARGANTA DE LOCH ARD

LORNE

LOS DOCE APÓSTOLES

8
Alpe d'Huez
FRANCIA

ALPE D'HUEZ

LE BOURG-D'OISANS

9
Angkor Wat
CAMBOYA

ANGKORTHOM

ANGKOR WAT

RÍO SIEM RIEP

10
Autopista de Nishiseto
ISLAS GEIYO, JAPÓN

ONOMICHI

PUENTE DE ONOMICHI

PUENTE DE INNOSHIMA

PUENTE DE IKUCHI

TEMPLO KOSANJI

GRAN PUENTE DE TATARA

PUENTE DE OMISHIMA

PUENTE HAKATA-OSHINA

GRAN PUENTE DEL ESTRECHO DE KURUSHIMA

IMABARI

QUÉDATE SIN ALIENTO

EN LA CARRETERA DEL KARAKÓRUM

No son solo las espléndidas vistas las que te dejan
sin aliento en la carretera del Karakórum.

**En la carretera internacional y asfaltada más alta del mundo,
el oxígeno escasea tanto que el aire te falta más rápido.**

Une China y Pakistán. Tiene 800 kilómetros de largo y sigue partes de la antigua
Ruta de la Seda, antaño utilizada por mercaderes, exploradores y misioneros.

Pasa por las tres cordilleras más altas del mundo: el Himalaya,
el Karakórum y el Hindukush, donde las inundaciones, los
desprendimientos de tierras y los terremotos la convierten
en una de las carreteras más peligrosas del mundo.

Debes concentrarte para circular por las curvas en herradura
y las pendientes pronunciadas. Pero las vistas son impresionantes.
Ríos de color azul verdoso cortan gargantas y desfiladeros profundos.
Las montañas coronadas de nieve se alzan hasta las nubes. Sientes
el viento helado en la cara cuando pedaleas junto a glaciares colosales.

Rodeado de montañas escarpadas, el valle de Hunza es conocido como el Paraíso en la Tierra.

Sus huertos rebosan de manzanas y albaricoques, melocotones y uvas. Hay aldeas históricas enclavadas entre prados frondosos y bosques espesos. Fortalezas antiguas vigilan el valle desde lo alto de la montaña.

La carretera se abrió al público en 1986. Pakistán y China la construyeron conjuntamente y se la empezó a conocer como la Carretera de la Amistad. Mientras pedaleas, harás amigos de diversas culturas.

Admira los camiones coloridos cuando entres en Pakistán.

Tómate una taza de chai caliente en una tetería cerca de la carretera en Gilgit.

El paso de Khunjerab te lleva a atravesar el cruce fronterizo pavimentado más alto del mundo.

Da igual donde aparques la bici: seguro que la inmensidad de la carretera del Karakórum te deja sin aliento del asombro.

BUSCA ESTRELLAS EN THE STRAND,
LOS ÁNGELES

La ciudad de Los Ángeles,
en la costa oeste de Estados Unidos,
parece un plató de cine gigante.

Los Ángeles es la
cuna de Hollywood...
y la costa es puro cine.

El sendero para bicicletas Marvin Braude —parte del cual se conoce como «The Strand»— recorre 35 kilómetros a lo largo de playas arenosas y barrios históricos que a menudo se utilizan como platós cinematográficos.

Oyes de cerca el oleaje del océano Pacífico y sientes el viento en las mejillas. Hueles los perritos calientes, el algodón de azúcar y el perfume dulzón del incienso quemado.

Los ciclistas comparten el sendero con caminantes, corredores y patinadores, así que el ritmo es lento: perfecto para empaparse de las abundantes vistas, sonidos y olores.

Todo el mundo parece estar en una audición para conseguir un papel en una película. La gente que patina presume de sus *kickflips* y *ollies* en la pista de Venice. Los levantadores de peso se ejercitan en Muscle Beach.

El emblemático muelle de Santa Mónica abrió en 1909. Visitar su parque de atracciones es retroceder en el tiempo.

Los vendedores ambulantes tienen puestos de abalorios y cristales. Los famosos y la gente de a pie se codean a lo largo de toda la ruta. ¿Ese de ahí es una estrella de cine dando un paseo? ¿Un atleta famoso comiéndose un helado? ¿Una *influencer* posando para Instagram?

Puedes jugar en el salón recreativo de época, ver a la gente pescar lubinas y corvinas negras o pagar un cuarto de dólar para que una adivina te lea el futuro.

Desde lo alto de la vieja noria admirarás las vistas del mar y de la cada vez más enorme ciudad de Los Ángeles.

Suele hacer calor, así que la mayoría de los ciclistas se detienen para refrescarse en el mar o se sientan en la arena a ver cómo los surfistas y los *bodyboarders* cogen olas.

Allá donde decidas parar, te sentirás como un actor más en la eterna película que es Los Ángeles.

RODEA EL MAR BÁLTICO

POR LA RUTA EUROVELO 10

No te dejes engañar por su prosaico nombre. La EuroVelo 10 es una ruta ciclista excepcional.

Recorriendo en bicicleta la parte que va de Gdansk a Klaipeda, rodeas casi todo el mar Báltico pasando por ocho países del extremo septentrional de Europa.

Algunos pedalean los 8700 kilómetros convertidos en un borrón de licra. Otros vienen en invierno para pasar sobre los lagos y los ríos congelados. La mayoría visita la ruta en los meses cálidos y la completa a un ritmo tranquilo.

Gran parte de la ruta es naturaleza virgen. Bosques silenciosos por los que vagan alces, jabalíes y linces. Acantilados abruptos y playas arenosas. Aguas de un azul intenso moteadas de miles de islas.

Puedes circular durante una eternidad sin cruzarte con nadie... y luego, de pronto, detectar indicios de actividad humana.

Un faro solitario que asoma desde un maizal ondulante.

Un campo de girasoles, a punto para la cosecha, que lanza destellos amarillos bajo la luz del sol.

Un diminuto pueblo de pescadores con cabañas de madera y casas que abrazan la orilla.

La gente de la zona también pedalea por la ruta. En la cesta llevan la compra y mascotas, portátiles y libros.

Enseguida aprendes a saludar en el idioma local: «Tere!», en estonio; «Sveiki!», en letón y lituano; y «Hej!», en danés.

La ruta está salpicada de ciudades históricas. Tallin, la capital de Estonia, es una joya medieval. Su centro está rodeado de murallas de piedra y torres de vigilancia circulares.

La hermosa Riga es el lugar perfecto para pasear tranquilamente y empaparse del esplendor arquitectónico de la ciudad.

La red EuroVelo se creó para fomentar una forma de vida más saludable y menos dañina para el planeta.

También ha unido más a los pueblos de Europa.

DESCUBRE LAS RIQUEZAS
DE RAYASTÁN

Rayastán significa «tierra de reyes».

En este soleado estado indio, nunca estás lejos de un palacio ornamentado o de una fortaleza majestuosa.

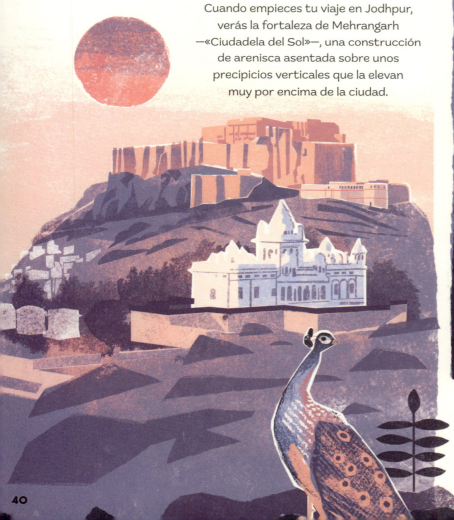

Cuando empieces tu viaje en Jodhpur, verás la fortaleza de Mehrangarh —«Ciudadela del Sol»—, una construcción de arenisca asentada sobre unos precipicios verticales que la elevan muy por encima de la ciudad.

Al pedalear hacia Udaipur, enseguida entenderás por qué la llaman la «Ciudad de los Lagos». En el siglo XVI, bajo las órdenes de los gobernantes de Mewar, se construyó un sistema de lagos que proporcionaba agua limpia, pero que también contribuyó a convertir esta ciudad en una de las más románticas del mundo.

Trazar tu rumbo entre las dos ciudades es envolverte en los vívidos colores de Rayastán. Los atardeceres están inundados de morado, naranja, rosa, rojo y azul.

Las mujeres de la región visten saris de todos los colores del arcoíris.

Los cascos antiguos de varias ciudades están pintados de un solo tono. El de Jaipur, de rosa. El de Udaipur, de blanco. El de Jodhpur, de azul.

Sari significa «tira de tela» en sánscrito, la lengua clásica del país. Esa prenda lleva más de cinco mil años utilizándose en la India.

Además de junto a fortalezas opulentas, también pasas ante escenas de una vida rural sin alterar desde hace siglos.

Los campesinos aran los campos con bueyes. Los pescadores sacan las redes de lagos cristalinos para inspeccionar sus capturas. Regios o no, en la tierra de reyes todos viven una vida rica en tradiciones.

REMEMORA EL DIFÍCIL CAMINO HACIA LA LIBERTAD

EN EL FERROCARRIL SUBTERRÁNEO

La ruta ciclista del ferrocarril subterráneo va desde Alabama, Estados Unidos, hasta nada menos que Ontario, Canadá.

Zigzaguea entre campos de cultivo, bosques y ciudades pequeñas.

Pero la ruta nunca se adentra bajo tierra. Entonces, ¿por qué decimos que la ruta es subterránea?

Porque los primeros en usarla fueron los afroamericanos que huían del sur de los Estados Unidos para liberarse de la esclavitud... y tenían que recorrerla en secreto.

El largo viaje hasta la libertad era duro. Los desconocidos les ofrecían cobijo, comida e indicaciones.

LA HISTORIA DE ELIZA:

En el invierno de 1838, una esclava y su bebé iniciaron el viaje hacia la libertad. Para evitar que la capturaran en Kentucky, cruzó el helado río Ohio hasta llegar a Ripley, en la otra orilla. El relato de Eliza que se lee en *La cabaña del tío Tom* está basada en esta historia.

Hoy, los ciclistas siguen los pasos de los que viajaban a escondidas, atravesando ríos, canales y lagos.

Aunque la ruta jamás tuvo nada que ver con el ferrocarril, las palabras clave que se empleaban en ella procedían del mundo de los trenes. Las «vías» eran las rutas a pie. Las «estaciones» eran los escondites.

Los «maquinistas» (que eran de cualquier raza), los que ayudaban a quienes emprendían el arriesgado viaje. Las «terminales», los destinos al final de las vías, donde la esclavitud era ilegal.

En la actualidad, gente de todas las razas viene a recorrer los 1700 kilómetros que forman la ruta ciclista. Muchos lo hacen con la esperanza de entender mejor esa cara tan fea de la historia estadounidense.

Alrededor de cien mil personas alcanzaron la libertad caminando a lo largo del ferrocarril subterráneo en los siglos XVIII y XIX...,

pero muchas no consiguieron llegar al final.

DONDE EL FERROCARRIL SUBTERRÁNEO LLEGABA A SU FIN.

SITIO HISTÓRICO JOHN FREEMAN WALLS

Mientras pedaleas por la misma ruta que ellos, intenta imaginarte lo arduo que debía de resultar el viaje. El hambre y la sed. Las noches frías. Y la alegría y el alivio cuando completaban el largo camino hacia la libertad.

ENTRETEJE TU CAMINO

POR LAS MARAVILLAS DE LA RUTA DE LA SEDA

La famosa Ruta de la Seda nunca fue una sola ruta,
sino una red de caminos de caravanas que unieron China
y Europa por primera vez hace más de dos mil años.

Hoy en día, es una ruta ciclista rebosante de historia y aventuras.

Antaño, las mercancías,
las ideas y los inventos circulaban
en uno y otro sentido por esta ruta.

Un mercader veneciano llamado
Marco Polo exploró la Ruta de
la Seda en el siglo XIII y escribió
un libro que les ofreció a los
europeos el primer atisbo de las
civilizaciones orientales.

La lana, la plata y el oro iban hacia el este.

La seda, el té y las especias iban hacia el oeste.

Tras una larga jornada, puedes dormir en un caravasar, las posadas situadas junto al camino en las que los agotados comerciantes y sus camellos —más adaptados a los caminos desérticos que los caballos— paraban a descansar en aquel entonces.

La ruta se extiende a lo largo de unos 13 000 kilómetros, pasa por más de diez países y atraviesa cordilleras, desiertos y vastas estepas.

Hace unos cuatro mil años, la mayoría de los comerciantes cubrían solo una parte de la ruta.
Lo mismo hacen hoy quienes la recorren en bicicleta.

Tal vez pases ante iglesias ortodoxas con coloridas cúpulas bulbosas...,

mezquitas islámicas, minaretes y madrasas con azulejos deslumbrantes...

o incluso ante la Gran Muralla China.

Da igual qué parte elijas, en la Ruta de la Seda siempre entretejerás tu camino entre una miríada de maravillas.

HAZ UN VIAJE ÉPICO
POR LA GRAN CARRETERA DEL OCÉANO

La naturaleza puede hechizarte
con su belleza o asustarte con su poder.

En la famosa Gran Carretera
del Océano, en el sureste de Australia,
suceden ambas cosas.

Pedalear por ella convierte al océano
en tu compañero constante. Lo ves
extenderse hasta el horizonte, una lámina
resplandeciente de azul, verde y plata.

Lo oyes chocar contra los acantilados calizos.
Hueles y saboreas la sal en el ambiente.
La brisa marina te humedece los ojos.

La costa escarpada parece esculpida
por gigantes juguetones.

La garganta de Loch Ard es un profundo
desfiladero rodeado de acantilados de arenisca.
Parece un puerto secreto.

El océano irrumpe en la cueva del Trueno. Cuando retrocede en tropel, el agua se repliega sobre sí misma y lanza un rugido atronador. Escuchar cómo se repite una y otra vez este milagro del mar y del sonido, tal como lo ha hecho durante millones de años, es fascinante.

Todo ciclista se detiene a admirar los Doce Apóstoles. Estos colosales farallones de arenisca se elevan desde el agua espumosa, donde reciben el azote de las olas. Cuando contemplas la altura que alcanzan las salpicaduras del mar, comprendes por qué, desde que se puso nombre a este lugar turístico, cinco de los apóstoles se han derrumbado y ahora solo quedan siete.

También entiendes por qué una gran parte de la Gran Carretera del Océano se llama Costa del Naufragio. Todavía hay muchos restos de barcos bajo las olas.

Pero algunos han aprendido a aprovechar la energía salvaje del océano.

Los surfistas acuden en masa hasta aquí para disfrutar tanto de la belleza como del poder de la naturaleza.

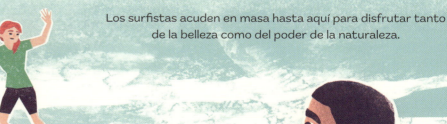

Como casi todo lo que te encuentras a lo largo de la Gran Carretera del Océano, surfear en este lugar puede resumirse en una sola palabra: épico.

EXPERIMENTA LOS ALTIBAJOS

DEL ALPE D'HUEZ

Ciclistas de todo el mundo acuden al Alpe d'Huez para poner a prueba su valía.

La famosa carretera que asciende por la ladera de esta montaña del sureste de Francia es tan empinada que incluso los mejores atletas tienen que aminorar el ritmo.

La del Alpe d'Huez es una de las etapas más complicadas del Tour de Francia. La carretera sube serpenteando a lo largo de catorce kilómetros, sumando un total de veintiuna curvas de herradura durante el trayecto. Desde lejos, parece un espagueti gigante que culebrea por la pared de roca.

Dicen que quien sale líder del Alpe d'Huez tiene muchas papeletas para llevarse el Tour.

Cuando el Tour de Francia pasa por aquí, medio millón de seguidores se apiñan a lo largo de la carretera, muchos de ellos vestidos para la ocasión.

Durante los meses de verano, cuando la nieve se derrite, los aficionados al ciclismo sudan la gota gorda en esta misma ruta. Algunos quieren poner a prueba su forma física y su resistencia. Otros, rendir homenaje a sus héroes ciclistas.

alpe d'huez
1450 - 1860 - 3330 m
13 ETE - HIVER
ALT. 1120 m
1983
PETER WINNEN
(PAYS-BAS)

Percibes la historia en el asfalto desgastado que pisan tus neumáticos. Todas las curvas en herradura tienen un cartel que te marca el progreso del ascenso y lleva el nombre de un antiguo ganador de la etapa.

La ascensión más rápida la protagonizó el ciclista italiano Marco Pantani en 1997, pues coronó la cumbre en un tiempo de 37 minutos y 35 segundos. Un aficionado en buena forma tarda unos 50-75 minutos, como mínimo.

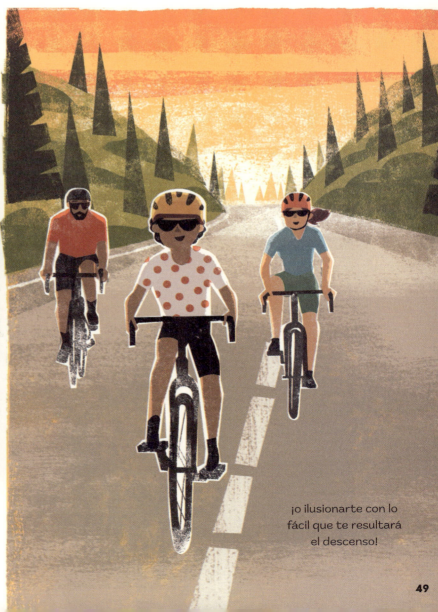

Tardar no es ninguna vergüenza. Mucha gente se detiene a recuperar el aliento o beber un poco de agua. Mientras descansas, siempre puedes admirar las vistas panorámicas de los valles arbolados que se extienden más abajo...

¡o ilusionarte con lo fácil que te resultará el descenso!

PIÉRDETE ENTRE LAS RESPLANDECIENTES

RUINAS DE ANGKOR

Angkor, la antigua capital del Imperio jemer, fue una vez la ciudad más grande del mundo.

Hoy solo quedan templos de piedra ocultos entre campos y selvas.

Viajar en bicicleta es una buena manera de explorar la llamada «Ciudad de los Templos», en el norte de Camboya.

Los caminos están llenos de lugareños sobre dos ruedas. Rodeado de un foso cuadrado de cinco kilómetros de longitud, el complejo del templo de Angkor Wat rebosa de maravillas que contemplar desde tu bicicleta: estatuas y santuarios, columnas y torres con forma de piña piñonera.

Pedaleas por una jungla esmeralda y entre monjes de túnica naranja a lo largo de canales construidos hace más de mil años.

Junto a arrozales con campesinos que llevan sombreros de paja.

La mayoría de los cientos de templos de piedra que dejaron atrás los jemeres se encuentran en ruinas, invadidos por la naturaleza. Algunos tienen gruesas raíces de árboles enrolladas de forma increíble en torno a sus torrecillas, columnas y marcos de las puertas.

Angkor Wat, el monumento religioso más grande del mundo, es la estrella del espectáculo. Este templo budista de piedra se construyó en honor del dios hindú Visnú, también conocido como «el Preservador».

Mientras pedaleas por las majestuosas ruinas de Angkor, seguro que agradeces que aún quede suficiente ciudad para poder perderte en ella.

51

MEZCLA LO ANTIGUO Y LO NUEVO
EN LA AUTOPISTA NISHISETO

Japón es un país donde lo antiguo
y lo nuevo nunca están muy lejos.

Recorrer la autopista Nishiseto en bicicleta es experimentar estos dos aspectos de Japón a la vez.

La ruta conecta nueve de las islas Geiyo,
en el mar interior de Seto.

La gente acude desde todos
los rincones del mundo para
pedalear junto a pagodas y
santuarios históricos mientras
avanza hacia unos puentes
que son una maravilla de la
ingeniería moderna.

Cada uno de los nueve puentes produce una emoción diferente.
El Gran Puente del Estrecho de Kurushima mide nada menos que cuatro kilómetros.
Cruzándolo en bicicleta, con el viento en la cara, te sientes como un ave que planea muy alto sobre el agua.

Dos torres que parecen gigantes pinzas de tender sustentan el Gran Puente de Tatara. Si haces un ruido a los pies de una de las torres, retumba por todos los soportes. La gente de la zona se refiere a este inquietante sonido como «nakiryu» o dragón rugiente.

Una montaña cerca de aquí tiene un pico nevado. ¿O no?

En realidad, no es nieve. Es un enorme jardín de mármol blanco.

En lo alto se yergue la Torre de la Luz, esculpida de tal forma que parece un cascanueces gigante.

Los ciclistas suelen detenerse ante la puerta Koyomon del colorido templo Kosanji. Construido por un adinerado empresario que quería honrar a su madre, el complejo del templo está lleno de esculturas y cuadros hermosos.

En algún momento, te encontrarás en un bar de carretera, rodeado de ciclistas hambrientos con indumentaria técnica y todos sorberéis sopas hechas a partir de recetas antiguas.

Lo antiguo y lo nuevo en perfecta armonía.

VIAJES EN BARCO

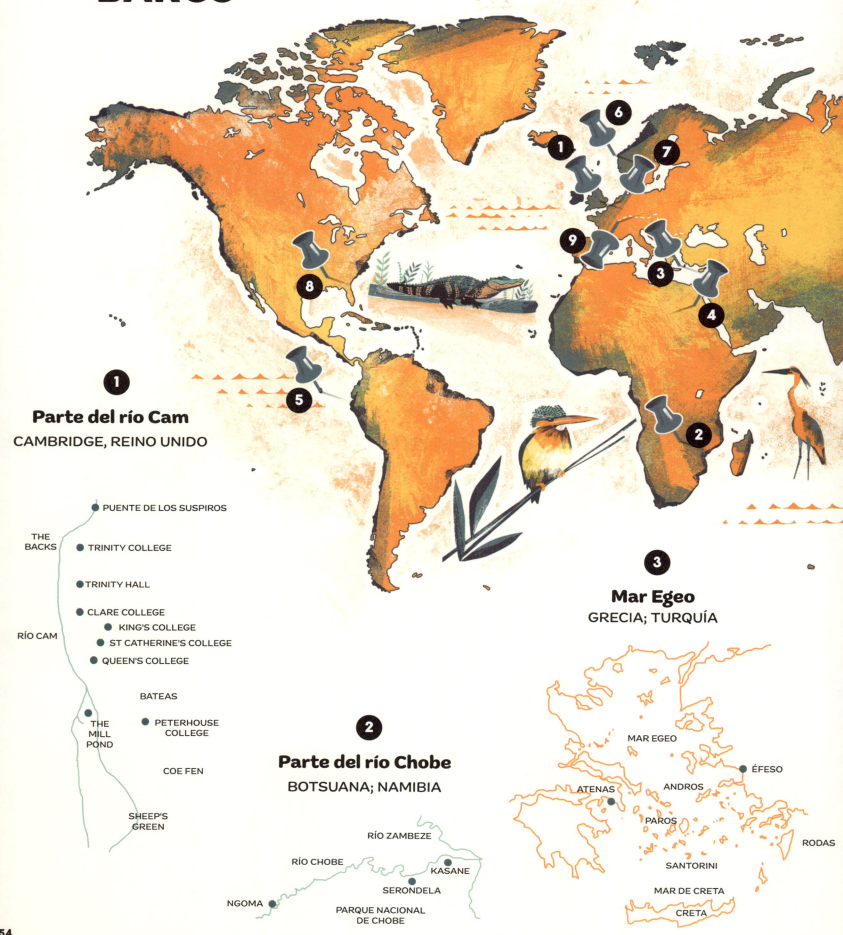

1

Parte del río Cam
CAMBRIDGE, REINO UNIDO

- PUENTE DE LOS SUSPIROS
- THE BACKS
- TRINITY COLLEGE
- TRINITY HALL
- RÍO CAM
- CLARE COLLEGE
- KING'S COLLEGE
- ST CATHERINE'S COLLEGE
- QUEEN'S COLLEGE
- BATEAS
- THE MILL POND
- PETERHOUSE COLLEGE
- COE FEN
- SHEEP'S GREEN

2

Parte del río Chobe
BOTSUANA; NAMIBIA

- RÍO ZAMBEZE
- RÍO CHOBE
- KASANE
- SERONDELA
- NGOMA
- PARQUE NACIONAL DE CHOBE

3

Mar Egeo
GRECIA; TURQUÍA

- MAR EGEO
- ÉFESO
- ATENAS
- ANDROS
- PAROS
- RODAS
- SANTORINI
- MAR DE CRETA
- CRETA

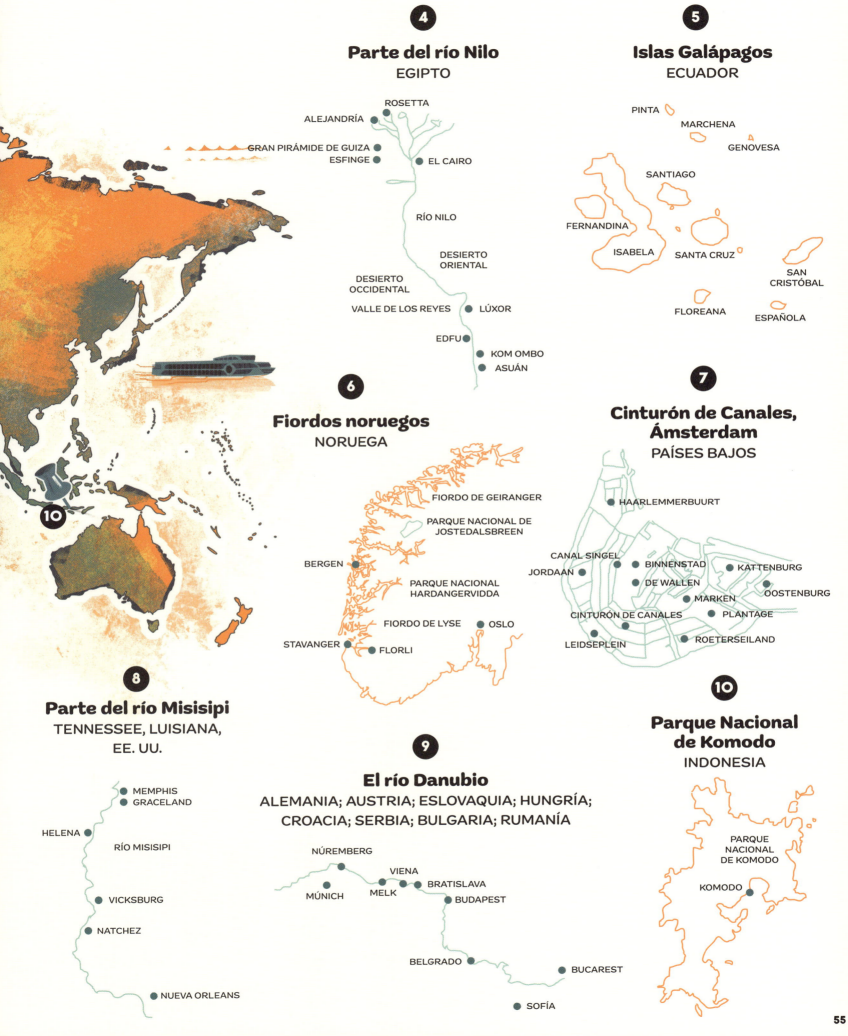

4

Parte del río Nilo
EGIPTO

ROSETTA
ALEJANDRÍA
GRAN PIRÁMIDE DE GUIZA
ESFINGE
EL CAIRO

RÍO NILO

DESIERTO
ORIENTAL

DESIERTO
OCCIDENTAL

VALLE DE LOS REYES · LÚXOR

EDFU
KOM OMBO
ASUÁN

5

Islas Galápagos
ECUADOR

PINTA
MARCHENA
GENOVESA
SANTIAGO
FERNANDINA
ISABELA
SANTA CRUZ
SAN CRISTÓBAL
FLOREANA
ESPAÑOLA

6

Fiordos noruegos
NORUEGA

FIORDO DE GEIRANGER
PARQUE NACIONAL DE
JOSTEDALSBREEN

BERGEN

PARQUE NACIONAL
HARDANGERVIDDA

FIORDO DE LYSE · OSLO

STAVANGER
FLORLI

7

Cinturón de Canales, Ámsterdam
PAÍSES BAJOS

HAARLEMMERBUURT

CANAL SINGEL
JORDAAN
BINNENSTAD
DE WALLEN
KATTENBURG
MARKEN
OOSTENBURG
CINTURÓN DE CANALES
PLANTAGE
LEIDSEPLEIN
ROETERSEILAND

8

Parte del río Misisipi
TENNESSEE, LUISIANA, EE. UU.

MEMPHIS
GRACELAND
HELENA
RÍO MISISIPI
VICKSBURG
NATCHEZ
NUEVA ORLEANS

9

El río Danubio
ALEMANIA; AUSTRIA; ESLOVAQUIA; HUNGRÍA; CROACIA; SERBIA; BULGARIA; RUMANÍA

NÚREMBERG
VIENA
BRATISLAVA
MÚNICH
MELK
BUDAPEST

BELGRADO
BUCAREST
SOFÍA

10

Parque Nacional de Komodo
INDONESIA

PARQUE
NACIONAL
DE KOMODO

KOMODO

MIRA ENTRE BASTIDORES
EN EL RÍO CAM

Cambridge es una ciudad para asomarse a lo que hay detrás.

La mejor forma de ver sus universidades históricas es recorrer en batea el río que fluye tras ellas. Esta tranquila zona de jardines y terrenos de césped perfectos se llama The Backs, «las traseras».

Una batea es una embarcación pequeña y rectangular. Se maneja yendo de pie y haciendo fuerza contra el lecho del río con un remo largo, como un gondolero en Venecia.

Antaño eran el modo más habitual de pescar anguilas, cazar aves, recoger juncos y transportar cargas.

Hoy en día, las bateas se emplean para relajarse. El objetivo es tomárselo con calma. Sumergir los dedos en el agua fresca. Absorber el paisaje. Imaginarte como un erudito en un tiempo pasado.

En las ocasiones especiales, los alumnos siguen poniéndose las túnicas negras y los gorros cuadrados y planos de la época medieval.

Cambridge acoge una de las universidades más antiguas del mundo. Muchos grandes pensadores —desde Stephen Hawking hasta Sylvia Plath— han estudiado en sus impresionantes edificios de piedra y ladrillo.

En verano, el río Cam se llena de alumnos y turistas que navegan en bateas por The Backs. Se forman atascos en los que las barcas se empujan unas a otras como perezosos coches de choque.

Al pasar junto a la imponente capilla del King's College, verás las vidrieras de colores y las elevadas torres y torrecillas.

Quizá pasear en batea por The Backs te inspire a cruzar las puertas delanteras de la universidad como alumno... algún día.

Profesores atareados se apresuran de una clase a otra mientras tú te deslizas bajo el puente de los Suspiros, una obra maestra de piedra tallada que la reina Victoria adoraba.

SALUDA AL SOL
EN UN SAFARI POR EL RÍO CHOBE

**¿Cuándo fue la última vez que le diste
los buenos días a un elefante?**

Así puedes comenzar el día cuando el sol se eleva sobre
el río Chobe, la larga y serpenteante vía fluvial
que cruza el corazón del África meridional.

La parte que discurre a lo largo de la frontera entre Botsuana y Namibia es un
exuberante paisaje de bosques y ciénagas, islas y ensenadas, aves y bestias.

Esos mismos animales
son también los que
se ven en las pinturas
rupestres de cuatro mil
años de antigüedad que
los sans dibujaron en la
colina de Gobabis.

Algunos viajeros navegan por el Chobe en casas flotantes de lujo que parecen tartas de boda de varios pisos.
Hacen safaris en la zona para experimentar el emocionante espectáculo de ver leones, leopardos y cocodrilos en su propio hábitat.

Puede que veas cebras, hipopótamos o búfalos bebiendo a la orilla del río, elefantes bañándose y jugando en el agua, especies de antílopes con nombres tan sorprendentes como pucú, cobo de Lechwe y bosbok.

El Chobe es uno de los últimos lugares donde pueden verse licaones, una especie en peligro de extinción que tiene orejas de Mickey Mouse y el pelaje moteado.

Custodiando estas maravillas naturales se encuentran los baobabs, algunos de los cuales tienen más de dos mil años.

Finalmente, el sol se pone sobre el río y los baobabs para que puedas descansar... igual que los elefantes.

EMBÁRCATE EN UNA ODISEA

EN EL MAR EGEO

Una odisea es una larga travesía con muchas vueltas y revueltas.

Esta palabra procede de Odiseo, el héroe griego de ficción que tardó diez años en completar un corto viaje. Navegar en torno a un grupo de islas llamadas Cícladas en el mar Egeo es sumergirse en un mundo de criaturas míticas y paisajes espléndidos.

Enclavado entre Turquía y Grecia, el mar Egeo es donde Odiseo inició su lento regreso a casa. Hoy, los visitantes crean su propia odisea explorando los centenares de islas diseminadas por sus aguas claras y azules.

Como Odiseo, vislumbras las aldeas erigidas en lo alto de los acantilados mucho antes de llegar a la orilla.

Las casas y los molinos de viento, de un blanco resplandeciente, brillan bajo el sol del Mediterráneo.

¿Qué es ese destello azul? Podría ser una barca de pesca. Unas contraventanas de madera o una puerta. O la cúpula de una vieja capilla.

En Andros, puedes llegar caminando hasta un pueblo situado en una península estrecha, como una fortaleza en un cuento de hadas.

En Paros, quizá veas a los pescadores ofreciendo su captura a los cocineros que los esperan en las tabernas cercanas.

Cuando navegues cerca de Santorini, mira por encima del mar destellante hacia las terrazas con olor a tomillo que abrazan el acantilado.

En el Egeo, el pasado siempre está presente navegues por donde navegues. Lo sientes ante las columnas rojas del ruinoso palacio de Cnosos, en Creta.

O cuando recorres un camino enlosado con mármol en la antigua ciudad costera de Éfeso.

¿Qué descubrirás mientras surcas el Egeo? ¿Y cuánto durará tu odisea?

NAVEGA HACIA ATRÁS EN EL TIEMPO
EN EL RÍO NILO

El Nilo es el río más largo del mundo.

La parte que discurre por Egipto te hace retroceder miles de años hasta una época de faraones, dioses del sol y pirámides inmensas.

Quienes lo visiten pueden explorar el Nilo en una faluca, una embarcación que navega aprovechando el impulso del viento en su única vela de tela.

Hay partes del Nilo bordeadas por el mismo desierto árido que cubre Egipto. Pero el río vuelve fértil gran parte del terreno. Pasas junto a plantaciones de plátanos, arrozales, huertos llenos de granados, mangos y naranjos.

Con una vela ondeante en un extremo, la dahabiya es una alternativa más grande y opulenta.

Quizá veas tortugas, hipopótamos o cocodrilos holgazaneando junto a la orilla, o garzas y cernícalos planeando en las alturas.

La Gran Pirámide de Guiza, que alcanza los 147 metros de altura, es la más vieja de las Siete Maravillas del Mundo Antiguo.

Cerca se agazapa la Gran Esfinge, una estatua gigante con el cuerpo de un león y la cara de un faraón.

El Nilo pasa junto a más de setenta pirámides de piedra y todas ellas ocultan la cámara funeraria de un faraón muerto.

Todas las embarcaciones se detienen en el Valle de los Reyes, un inmenso cementerio tallado en la piedra caliza del desierto.

Si desciendes a las profundidades de las catacumbas polvorientas, con sus imponentes sarcófagos de piedra y sus paredes cubiertas de murales y jeroglíficos, navegas hacia atrás en el tiempo hasta un mundo arcaico.

REMA POR EL MUSEO VIVO
DE LAS GALÁPAGOS

Aisladas en el océano Pacífico, a más de 900 kilómetros de la costa de Ecuador, las Galápagos son islas pequeñas con una gran historia.

Charles Darwin llegó aquí en 1835 para estudiar los animales y fósiles que inspiraron su trascendental teoría de la evolución.

Darwin exploró las Galápagos en el *Beagle*, un buque naval victoriano hecho de madera y rematado con velas ondulantes. Ahora, los visitantes pueden seguir su estela remando en kayaks de plástico.

Deslizarte sobre las aguas tranquilas te ofrece un primer plano del mismo «escaparate de la evolución» que cautivó a Darwin hace casi dos siglos.

Las iguanas trepan por rocas escarpadas. Los cormoranes de las Galápagos baten las alas, ¡aunque pertenecen a una especie que ya no sabe volar!

Los colores resaltan bajo el sol tropical. Los rabihorcados hinchan el pecho rojo y los piqueros patiazules agitan los pies de color turquesa.

Los flamencos rosas caminan de puntillas por las aguas poco profundas y buscan alimento con el pico de punta negra.

Te imaginas a Darwin boquiabierto ante los paisajes: volcanes activos, túneles de lava, bahías y ensenadas escarpadas.

La roca León Dormido surge del océano como un colosal animal adormilado.

Las habitantes más famosas de la isla —las tortugas gigantes— son terrestres. «Galápago» se refiere en español a un tipo de tortugas acuáticas.

Estas criaturas dóciles y de aspecto solemne son las campeonas de la lentitud. Tardan más de tres horas en recorrer un kilómetro y se pasan la mayor parte del día durmiendo. Su parsimonioso ritmo de vida hace que lleguen a los ciento cincuenta años o más.

Incluso es posible que algunas de estas tortugas vivieran al mismo tiempo que el propio Darwin.

SIENTE LA FUERZA DEL HIELO

EN LOS FIORDOS

Un fiordo es una ensenada larga y estrecha
con acantilados abruptos.

Hace millones de años, los glaciares se abrieron paso a través del terreno de
Noruega y tallaron cordilleras con más de un millar de profundas vías navegables.

Ver los fiordos desde el agua, igual que los vikingos de antaño, es experimentar la naturaleza
en su máximo esplendor: acantilados enormes, cataratas y bosques espesos.

Todos los fiordos son mágicos y misteriosos a su manera.

El de Geiranger discurre junto a cascadas que se
precipitan desde cientos de metros de altura.

El glaciar de Jostedal, el mayor de la Europa continental, está agazapado entre dos de los fiordos más largos del mundo.

Cuando navegues por el fiordo de Lyse, no te pierdas el Preikestolen, «púlpito», un bloque de roca gigante tan alto y cuadrado que parece un acantilado de dibujos animados.

Cerca hay una aldea a la que solo se puede llegar en barco. Desde Florli puedes subir a una montaña por la escalera de madera más larga del mundo. ¡Tiene 4444 escalones!

A los temerarios (¡incluidas algunas ovejas!) les gusta encaramarse a un peñasco conocido como Kjeragbolten.

Una roca llamada Trolltunga, «lengua de trol», sobresale de una montaña a 700 metros sobre el nivel del agua.

Mientras recorres los fiordos, te maravillarás ante el majestuoso paisaje que los glaciares esculpieron hace tanto tiempo.

CONTEMPLA UNA CIUDAD EN FLOR
EN EL CINTURÓN DE CANALES DE ÁMSTERDAM

¿En qué lugar del mundo alcanzaron los bulbos el mismo valor que los edificios hace un tiempo? En los elegantes canales de Ámsterdam.

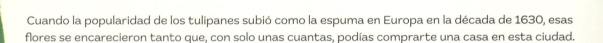

Cuando la popularidad de los tulipanes subió como la espuma en Europa en la década de 1630, esas flores se encarecieron tanto que, con solo unas cuantas, podías comprarte una casa en esta ciudad.

El Imperio neerlandés estaba en pleno auge en esa época y el dinero que entraba a raudales gracias al comercio provocó un *boom* que transformó Ámsterdam en una gran ciudad. El mosaico de vías navegables conocido como el Cinturón de Canales continúa siendo la joya de la corona.

Aunque explores el Cinturón de Canales en un moderno hidropedal, sigues la estela de los antiguos moradores de Ámsterdam.

Busca el número 7 del canal Singel, la casa más estrecha de la ciudad. Su fachada mide solo un metro, lo justo para la puerta.

Los edificios son altos y estrechos porque antes las casas con las fachadas más anchas pagaban más impuestos. Mires adonde mires, encontrarás grandiosos edificios de ladrillo apiñados unos contra otros como libros en una estantería atestada.

El bajísimo límite de velocidad en el agua te concede tiempo de sobra para disfrutar del teatro de la vida del canal.

En tu travesía, pasa pedaleando ante el único refugio flotante para gatos del mundo. O compra un tulipán en el mercado de flores que lleva amarrado en el canal Singel desde 1862.

En primavera, el festival anual de los tulipanes convierte hasta el último rincón de la ciudad en un caleidoscopio de naranja, rosa, rojo y amarillo. Ámsterdam sigue siendo, aún hoy, el hogar espiritual del comercio de tulipanes.

TÓMATE LA VIDA CON CALMA
EN UN VAPOR DEL MISISIPI

Haz un crucero en un lento barco de vapor por el lento curso del Misisipi.

La mejor forma de explorar el sur de Estados Unidos.

Aquí tomarse las cosas con calma forma parte de la vida. El clima caluroso y húmedo aplaca las ansias de correr. La gente habla despacio, alargando las palabras. Incluso la famosa barbacoa sureña se cocina a fuego lento.

El *American Queen* es una réplica moderna de los elegantes barcos de vapor que circulaban por el Misisipi en el siglo XIX.

Una máquina de vapor impulsa la enorme rueda de paletas roja que lleva detrás. Las dos altísimas chimeneas de delante se doblan para pasar bajo los puentes de poca altura.

Sentado en la cubierta en una mecedora blanca, con un vaso de limonada helada en la mano, te sientes como un sureño que ve la vida pasar desde su porche.

El Misisipi está entreverado en la historia y la mitología del sur de Estados Unidos. El jazz y el blues llegaron al resto del país remontando el río.

Graceland, la extravagante mansión en la que Elvis vivió y murió, está cerca de la orilla.

Se ven las plantaciones de algodón y las opulentas mansiones de sus dueños.

Durante cientos de años, su privilegiado estilo de vida se financió gracias a los trabajos forzosos de hombres y mujeres esclavizados.

Los caimanes merodean por los bosques espesos y *bayous* o por las desembocaduras del río.

El Misisipi tiene apodos que estimulan la imaginación. El río Anciano. El Gran Lodoso. El Viejo Azul.

¿Te imaginas a un niño manejando una balsa por el río como el Huckleberry Finn de Mark Twain?

Mientras la rueda de paletas gira en el agua y las chimeneas humean en las alturas, casi puedes sentir los engranajes de la historia propulsándote lentamente desde el pasado hacia el presente y después de nuevo hacia atrás hasta dejarte pensando: ¿y ahora adónde?

SIENTE QUE LA HISTORIA COBRA VIDA
EN EL RÍO DANUBIO

Europa posee una larga
historia de belleza y brutalidad.
El río Danubio es un monumento
vivo a ambas.

El Danubio discurre desde la Selva Negra hasta el mar Negro. El tramo entre Núremberg y Bucarest dura algo más de dos semanas.
Todos sus recodos nos acercan a un pasado emocionante. A una catedral o un castillo. A un monasterio o una ciudad medieval.

¿Qué son esas ruinas en lo alto de una colina
del valle de Wachau, en Austria?

El castillo de Dürnstein. Aquí encarcelaron
a Ricardo Corazón de León en 1193.

Mientras tu barco avanza hacia la ciudad de Melk, todas las miradas
se vuelven a la abadía benedictina que hay más arriba. Enclavada
en un afloramiento rocoso y pintada en tonos naranjas, rojos y
amarillos, parece un castillo de cuento de hadas.

Pero son monjes, no monarcas, quienes transitan sus claustros.

La elegante Viena es una mina de palacios y parques, salas de conciertos y cafeterías. La famosa obra musical *El Danubio azul*, de Johann Strauss, se representó por primera vez aquí en 1867.

Entiendes por qué Budapest es conocida como la «Reina del Danubio» cuando pasas bajo su majestuoso Puente de las Cadenas y ante el enorme parlamento gótico.

La antigua fortaleza de piedra de Belgrado te recuerda que la guerra ha causado estragos a lo largo del río durante milenios.

Navegar por las conocidas como Puertas de Hierro, un profundo desfiladero con acantilados escarpados, es como entrar en una tierra de mitos y leyendas.

¿De quién es esa enorme cara barbuda tallada en la roca? De un rey de la época romana, ¡pero la escultura data de la década de 1990!

Un recordatorio de que la historia está más que viva en el Danubio.

ENCUENTRA DRAGONES DE VERDAD
EN EL PARQUE NACIONAL DE KOMODO

Los dragones solo existen en los cuentos, ¿no?

¡Falso! En Indonesia vive el lagarto más grande del mundo: el dragón de Komodo. Haciendo kayak en el Parque Nacional de Komodo experimentas la emocionante cercanía de estas temibles criaturas.

Los picos rocosos se asoman a las bahías y ensenadas bañadas por aguas de color azul claro.

Diseminado por un archipiélago de islas volcánicas, el parque posee una belleza de cuento de hadas. Es un hervidero de color y contrastes.

Las verdes laderas montañosas se precipitan hacia playas teñidas de rosa por diminutos corales rojos.

Al remar entre las islas deshabitadas, te sientes gloriosamente solo en la naturaleza. Hasta que bajas la mirada y ves la vida marina que pulula bajo tu kayak.

Delfines y tiburones pequeños nadan entre mantarrayas y tortugas marinas.
Los bancos de peces tropicales se mueven de un lado a otro como sábanas coloridas que ondean al viento.

Al anochecer, el cuento de hadas da un giro siniestro cuando nubes de murciélagos que salen volando del manglar de la isla de Kalong ennegrecen los cielos.

Cada vez que detienes el kayak en una playa remota, sientes que aquí quien manda es la naturaleza.

Pero los dragones de Komodo los dominan a todos. Pueden llegar a medir tres metros y a pesar lo mismo que un hombre corpulento.

No te dejes engañar si ves a uno de ellos paseando tranquilo, sin prisa. El dragón de Komodo puede alcanzar los 30 kilómetros por hora cuando corre. No echará fuego por la boca, pero su mordedura puede matarte.

Por tu seguridad, será mejor que estés acompañado de un guardabosques experto cuando te encuentres con estos despiadados depredadores en su hábitat natural.

¿Qué cuento de hadas contarás sobre tu viaje en kayak a la búsqueda de dragones de Komodo?

VIAJES EN TREN

❶ Ferrocarril Darjeeling del Himalaya
BENGALA OCCIDENTAL, LA INDIA

GHUM
DARJEELING
SONADA
KURSEONG
TUNG
GAYABARI
MAHANADI
TINDHARIA
CHUNABHATI
RONGTONG
SUKNA
CRUCE DE SILIGURI
SILIGURI
NUEVA JALPAIGURI

❷ Tren cremallera del monte Washington
NEW HAMPSHIRE, EE. UU.

CIMA DEL MONTE WASHINGTON
ESTACIÓN DE MARSHFIELD

❸ Tren de vapor Jacobita
ESCOCIA, REINO UNIDO

MALLAIG
ARISAIG
GLENFINNAN
LOCHEILSIDE
LOCH SHIEL
FORT WILLIAM

❹ Tren a las Nubes
PROVINCIA DE SALTA, ARGENTINA

SAN ANTONIO DE LOS COBRES
SALTA
CAMPO QUIJANO
CERRILLOS
ROSARIO DE LERMA

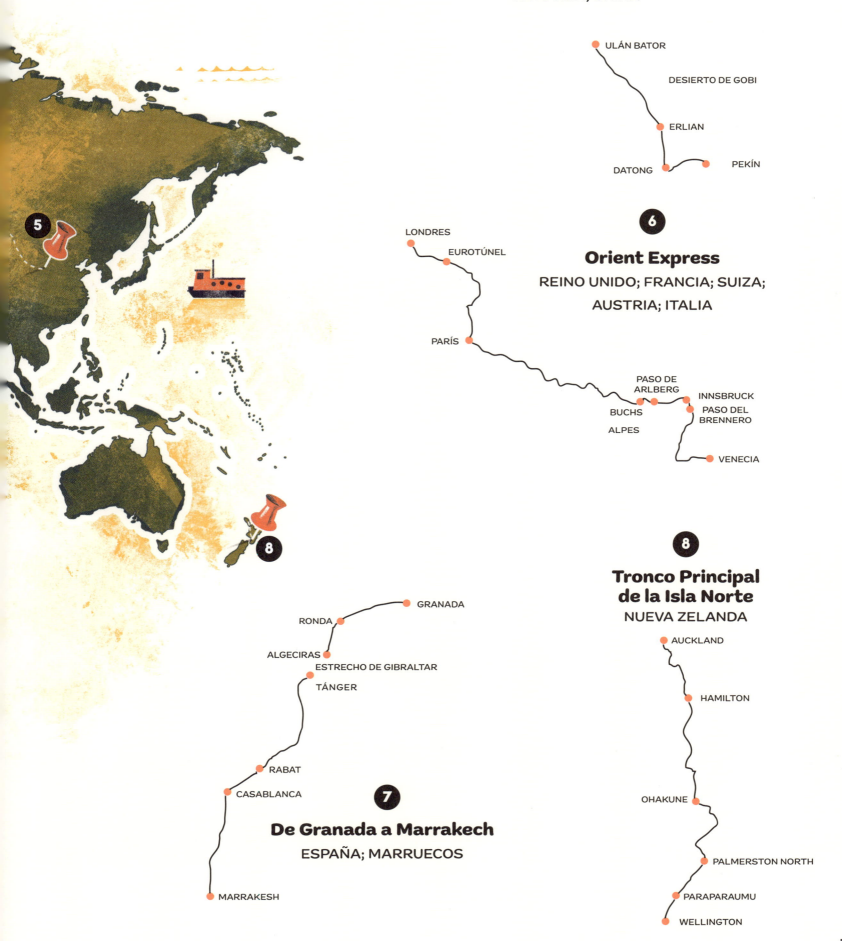

5
Ferrocarril Transmongoliano
MONGOLIA; CHINA

ULÁN BATOR

DESIERTO DE GOBI

ERLIAN

DATONG

PEKÍN

6
Orient Express
REINO UNIDO; FRANCIA; SUIZA; AUSTRIA; ITALIA

LONDRES

EUROTÚNEL

PARÍS

PASO DE ARLBERG

INNSBRUCK

BUCHS

PASO DEL BRENNERO

ALPES

VENECIA

8
Tronco Principal de la Isla Norte
NUEVA ZELANDA

AUCKLAND

HAMILTON

OHAKUNE

PALMERSTON NORTH

PARAPARAUMU

WELLINGTON

GRANADA

RONDA

ALGECIRAS

ESTRECHO DE GIBRALTAR

TÁNGER

7
De Granada a Marrakech
ESPAÑA; MARRUECOS

RABAT

CASABLANCA

MARRAKESH

TOMA EL TREN DE JUGUETE

HASTA LA ESTACIÓN DE FERROCARRIL MÁS ALTA DE LA INDIA

Avanza. Para. Retrocede hasta el siguiente tramo de vía. Para otra vez. Luego avanza de nuevo.

Adelante y atrás, adelante y atrás, como una oruga prudente, este tren asciende hasta alturas vertiginosas. Pero ¿por qué?

En el siglo XIX, los ingenieros descubrieron que la única forma de que una locomotora salvara una pendiente pronunciada era zigzagueando. Construido hace más de ciento cuarenta años, el ferrocarril Darjeeling del Himalaya es un ejemplo perfecto de este truco.

El viejo tren de vapor resopla, resuella, traquetea y bufa para ascender hasta Ghum, la estación de tren más elevada de la India.

Desde aquí, los legendarios jardines de té de Darjeeling se extienden hasta donde alcanza la vista.

Durante generaciones, los cosechadores de té han deambulado entre las curvas hileras de plantas llenando de hojas la cesta que llevan echada a la espalda.

La gente lo llama el «Tren de Juguete» por su reducido tamaño, pero es un tren de pasajeros de verdad, y con tanta historia como para que la Unesco lo declarara patrimonio de la humanidad.

Ahora los lugareños prefieren utilizar la carretera, pero el ritmo más lento del tren es un extra para los visitantes. Vienen a disfrutar de las asombrosas vistas de las cataratas y los bosques, los pueblos hermosos y los valles envueltos en niebla.

Sin prisa pero sin pausa, el tren asciende a una altitud de 2258 metros.

Cuando las nubes se levantan, aparece ante ti la cumbre nevada del Kanchenjunga, la tercera montaña más alta del mundo.

ASPIRA A ALCANZAR LA LUNA
EN EL TREN CREMALLERA DEL MONTE WASHINGTON

Cuando un empresario llamado Sylvester Marsh soñó con construir un ferrocarril hasta lo alto del monte Washington, a la gente de la zona le pareció un plan descabellado.

«¿Por qué no lo llevas hasta la Luna, ya que te pones?», bromeaban.

Pero Marsh rio el último cuando, en 1869, los primeros pasajeros viajaron en su tren hasta la cumbre rocosa.

Más de un siglo y medio después, esta línea, conocida cariñosamente como el «Ferrocarril a la Luna», sigue llevando a gente hasta el pico más alto del noreste de Estados Unidos.

Una brillante obra de ingeniería hizo posible que los trenes viajaran por este terreno escarpado y abrupto.

La vía se eleva sobre caballetes de principio a fin.

Para evitar caerse montaña abajo, la locomotora se impulsa sirviéndose de un mecanismo de engranaje llamado cremallera, que es similar al de la cadena y los piñones de una bicicleta. Por eso a este tren también se le llama el Cremallera.

La Escalera de Jacob, la parte más desnivelada, se asienta sobre una maraña de vigas de madera de casi ocho metros de altura.

El tren sube la ladera del monte Washington traqueteando muy despacio, cosa que permite que te recrees en el imponente paisaje. En otoño, las hojas se convierten en un mar centelleante de amarillos, naranjas y rojos.

Si te fijas bien, quizá veas a algún excursionista con botas de nieve o esquís de fondo.
O a una osa y sus oseznos correteando por el bosque.

En invierno, una gruesa capa de nieve cubre las montañas y los bosques.
Marsh tuvo la idea de construir este ferrocarril tras estar a punto de morir aquí durante una tormenta.

En la cima del monte Washington, mientras contemplas los valles boscosos y las cumbres nevadas,
te alegrarás de que Marsh no hiciera caso a sus detractores y hallara la forma de construir esta
famosa línea ferroviaria. Próxima parada: ¿la Luna?

SALUDA A LOS *HIGHLANDERS*

EN EL TREN DE VAPOR JACOBITA

La ruta te hace retroceder
doscientos años o más.

En aquella época, los trenes de vapor como el Jacobita impulsaban la Revolución industrial
transportando mercancías y pasajeros por toda Gran Bretaña.

El Jacobita circula por un tramo de la línea West Highland que
cruza un rincón agreste y remoto de las Tierras Altas de Escocia.
El viaje es un festín para la vista y el oído.

Como las viejas vías no están soldadas unas a otras,
los vagones emiten un traqueteo que conformaba la banda
sonora de los viajes victorianos.

El paisaje posee una belleza cinematográfica. Las montañas taciturnas y los valles están salpicados de brezos morados y lilas.

La parte más famosa del trayecto es el viaducto de Glenfinnan. Construido a finales del siglo XIX, este puente de piedra se curva como un arco gigante y se alza sobre los bosques con sus veintiún ojos.

Cuando el tren arranca desde la estación de Fort William, ves el Ben Nevis, la montaña más alta de Gran Bretaña, desvaneciéndose entre las nubes.

Si el viaducto te resulta conocido, es porque el Expreso de Hogwarts pasa por él en las películas de *Harry Potter*.

Más allá de este emblemático puente, llama la atención una columna de piedra que se eleva a la orilla del cercano *loch* Shiel. El monumento a Glenfinnan rinde homenaje al fracasado levantamiento jacobita que dio nombre al tren.

Encima de la torre se encuentra la estatua de un *highlander* con *kilt*, uno de los muchos que lucharon en 1745 y 1746 para restaurar en el trono británico a un rey de la Casa de Estuardo conocido como Bonnie Prince Charlie.

Las repercusiones de la rebelión aún se sentían años más tarde cuando las vías se instalaron en este paisaje. Hoy en día, el silbido suave y lúgubre del Jacobita nos recuerda que la hipnótica belleza de las Tierras Altas de Escocia esconde un pasado turbulento.

TEN LA CABEZA EN LAS NUBES

EN EL TREN A LAS NUBES

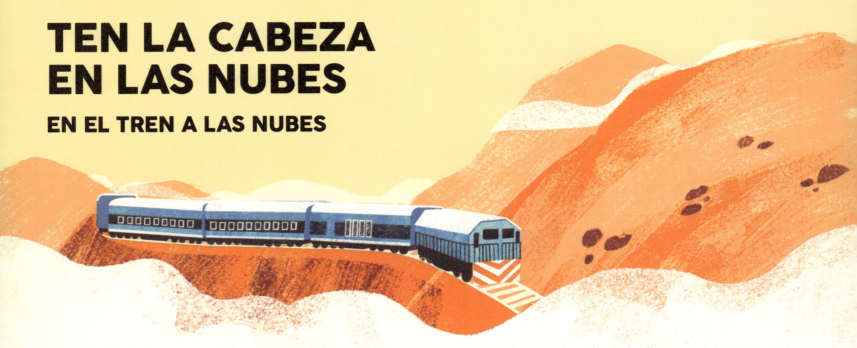

Viajar en este famoso tren mientras asciende hacia lo alto de las montañas de la Argentina septentrional es casi como volar.

En el pasado, cuando el vapor de la locomotora entraba en contacto con el aire frío, creaba la ilusión de que flotaba sobre un banco de nubes. El tren moderno ya no funciona a vapor; aun así, la línea sigue conociéndose cariñosamente como «el Tren a las Nubes».

El terreno es árido y rocoso. Las capas de sedimento tiñen las sierras ondulantes y las gigantescas formaciones rocosas de marrón, rosa, rojo y verde. Aparte de alguna que otra choza de adobe y estación de tren abandonada, apenas hay indicios de vida humana en la zona.

Como tantas otras cosas en la apacible provincia de Salta, el Tren a las Nubes se mueve despacio. Alcanza una relajada velocidad punta de unos 35 kilómetros por hora, así que sientes que, más que cruzando el paisaje, te encuentras dentro de él.

Los cactus espinosos brotan del monte como obras de arte alienígenas. Algunos llegan a alcanzar los siete metros. Si te fijas bien, quizá veas una llama pastando.

Mientras el tren asciende hacia las nubes y los cóndores que planean en las alturas, el cambio de presión hace que se te taponen los oídos.

Si la altitud no te deja sin aliento, ya lo hará la propia línea ferroviaria.

La vía es un prodigio de la ingeniería. El tren zigzaguea y vira. Pasa por encima de cañones inmensos y atraviesa túneles tan estrechos que da la sensación de que podrías tocar la pared con la mano.

El viaje termina en su punto más alto. El enorme y curvado viaducto La Polvorilla se encuentra a más de 60 metros de altura del suelo, lo cual lo convierte en uno de los puentes y tramos ferroviarios más altos del mundo.

Apéate aquí y maravíllate de hasta qué punto te has adentrado en las nubes. Si te quedaba algo de aliento, las magníficas vistas del hosco paisaje desértico que se extiende a tus pies te lo robarán.

PIERDE LA NOCIÓN DEL TIEMPO

EN EL FERROCARRIL TRANSMONGOLIANO

Un largo viaje en tren puede ser un festín para los sentidos y el alma. El ferrocarril Transmongoliano es un perfecto ejemplo de ello.

La ruta desde Ulán Bator hasta Pekín tiene más de mil kilómetros. En algún momento del trayecto, de dos días de duración, el tren empieza a parecerte una casa sobre ruedas.

Los vagones son sencillos y modestos. El verdadero lujo es el tiempo en sí. Tiempo para relajarte. Para soñar despierto. Para conocer a otros viajeros. Para observar las espectaculares vistas que pasan ante tu ventanilla.

La parte septentrional de Mongolia es un hipnótico escenario de bosques densos, montañas rocosas y lagos destellantes. Mantente alerta y tal vez veas un oso buscando bayas. O un lince moteado cazando ciervos o renos.

Los caballos de Przewalski, que llegaron a estar extintos en estado silvestre, campan por las llanuras.

El tren es un asiento en primera fila para observar la vida en las estepas mongolas.

Unas tiendas blancas conocidas como yurtas proporcionan refugio. Los caballos salvajes galopan junto al tren.

Cerca de Pekín, el tren pasa por una parte de la Gran Muralla China. Abre bien los ojos, ¡dura solo un instante!

Después de dos días viajando, es posible que pierdas la noción del tiempo. Pero quizá eso sea un regalo.

Acunado por el suave balanceo del tren, te olvidas del reloj y sigues tu propio ritmo.

CUENTA TU HISTORIA

DEL ORIENT EXPRESS

En la época dorada de los viajes en tren, el trayecto en sí era una forma de arte.

Una manera de revivir ese periodo de pausada elegancia es reservar un billete en el Orient Express.

Este emblemático servicio ferroviario fue de París a Rumanía por primera vez en 1883. Después llegó a Estambul. Hoy la principal ruta va de Londres a Venecia.

El Orient Express es puro lujo desde el momento en que llegas al andén. Un mozo ataviado con guantes blancos y librea azul y dorada se encarga de tu equipaje.

Luego embarcas en un vagón de esplendor clásico. Latón reluciente y tapicería opulenta. Madera de cerezo pulida. Revestimientos de delicada marquetería.

Quizá te sientas como un personaje de la novela *Asesinato en el Orient Express*, escrita por Agatha Christie en 1934. El protagonista es el detective Hércules Poirot. Mientras viaja en el Orient Express, resuelve uno de los crímenes ficticios más famosos al tomarse el tiempo necesario para charlar con todos los pasajeros.

Por la noche, cuando la iluminación es tenue y un pianista toca música de fondo, los pasajeros se ponen esmóquines, chaqués, vestidos de noche y joyas llamativas, tal como lo habrían hecho en tiempos de Agatha Christie.

Todos hablan con todos como en una fiesta glamurosa.

Pese a lo suntuoso del entorno, siempre eres consciente de que viajas en un tren antiguo. Notas alguna que otra sacudida o respingo.

Cuando baja la temperatura, puede que veas a un mozo echando carbón a la caldera que calienta los radiadores de tu vagón.

Muchos pasajeros dejan abierta la puerta de su compartimento durante el día para ver el paisaje por ambos lados del tren.

Charlan con los viajeros que rondan por el pasillo. Si dedicas tiempo a escuchar sus relatos, tal vez tú también tengas una historia que contar al final del viaje.

CAPTA LOS ECOS
DE UNA EDAD DE ORO

Viajar en tren por Andalucía y Marruecos te sumerge en el rico legado de la cultura islámica en el sur de España y el norte de África.

El viaje comienza en la Alhambra, una magnífica fortaleza enclavada en lo alto de una colina de Granada.

En el año 711, las tropas musulmanas cruzaron el estrecho de Gibraltar desde el norte de África para conquistar la península ibérica. A partir de entonces, la cultura islámica floreció en ella durante casi ochocientos años. En la Alhambra, elegantes palacios, mezquitas y casas de baños comparten espacio con jardines rebosantes de rosas, orquídeas y naranjos.

Contemplando la ciudad que se extiende a tus pies, te imaginas que eres un erudito, un comerciante o un aristócrata de la edad de oro del islam.

Sus ecos se captan en las palabras del país. Muchas palabras españolas derivan del árabe: «aceituna», «ajedrez», «azúcar» o «barrio».

Un viaje en tren a Ronda te lleva hasta el segundo tren, que después avanza hacia Algeciras, más al sur, entre montañas áridas en las que los pueblos encalados brillan al sol.

Un breve trayecto en ferri te traslada al otro lado del estrecho de Gibraltar para tomar el siguiente tren en Marruecos.

La medina de la ciudad portuaria de Tánger es un antiquísimo laberinto de callejones donde los mercaderes venden a gritos desde alfombras y dátiles hasta sedas y especias.

En una vieja curtiduría de Fez, ves cómo convierten las pieles en bolsos, zapatos y babuchas de cuero. Las hileras de cubas de piedra llenas de líquidos y tintes parecen bandejas de acuarelas gigantes.

Marrakech alberga asombrosos diseños islámicos. La madrasa de Ben Youssef, una escuela religiosa, es un santuario de azulejería colorida.

En Marruecos se oye por todas partes la llamada a la oración desde las mezquitas, un sonido que te hace viajar hasta la edad de oro del islam.

EMPRENDE UNA BÚSQUEDA

A TRAVÉS DE LA TIERRA MEDIA EN EL TRONCO PRINCIPAL DE LA ISLA NORTE

¿Por qué resulta tan místico y familiar el paisaje por el que pasa el Tronco Principal de la Isla Norte?

Porque aquí se rodaron las películas de *El Señor de los Anillos*.

Hace más de cuarenta años, un niño leyó las emblemáticas historias de J. R. R. Tolkien mientras viajaba en este tren por la parte norte de Nueva Zelanda.

Lo que veía por la ventana le recordaba a los paisajes descritos en el libro. Al crecer, ese niño se convirtió en el oscarizado cineasta Peter Jackson, que regresó aquí para grabar las seis películas de *El Señor de los Anillos* y *El hobbit*.

Este ferrocarril histórico proporciona un verdadero espectáculo. Un vagón del Northern Explorer está completamente abierto por ambos lados: el viento te agita el pelo, la lluvia te azota las mejillas.

Es casi como si fueras galopando hacia la batalla a lomos del caballo de Gandalf, *Sombragrís*.

El Tronco Principal de la Isla Norte recorre 680 kilómetros y ofrece vistas dignas de la Tierra Media. Flanqueado por enormes acantilados de lutita y bosques exuberantes, el río Rangitikei se utilizó como la vía navegable llamada Anduin en el mundo de Tolkien.

En algunos puntos, la caída desde el puente es de más de 75 metros.

A lo lejos, dos volcanes activos, el monte Ngauruhoe y el monte Ruapehu, se elevan como gigantes gorros de mago. Ambos sirvieron como Monte del Destino en las películas basadas en los libros de Tolkien. Si se dan las condiciones adecuadas, tal vez veas volutas de humo brotando de ellos.

La espiral de Raurimu es una maravilla de la ingeniería victoriana que asciende por una pronunciada pendiente trazando vueltas y revueltas. Vas a sentir mariposas en el estómago cuando pases a más de setenta metros de altura del suelo sobre los imponentes viaductos.

El tren avanza a un ritmo lento, así que tienes tiempo para recrearte en las asombrosas vistas y adentrarte en tu propio mundo mítico.

DOCE MANERAS DE VIAJAR SIN PRISA

1. Saborea el trayecto

Cuando dejas de correr hacia el destino, viajar se convierte en una fiesta en movimiento.

Deléitate en los cambios que se producen en la luz y el paisaje, en los ruidos y los olores, a medida que te mueves por el mundo. ¡Haz que tus vacaciones comiencen en cuanto pongas un pie fuera de casa!

2. Aduéñate del momento

Estar presente y vivo en el aquí y el ahora genera alegría y placer.

Fíjate en el pájaro que anida en un árbol, en las nubes que dibujan formas en el cielo, en un pez que salta en el río, en una taza de chocolate que tiembla mientras tu tren traquetea en plena noche. Encuentra la magia en todo lugar, persona y empeño.

3. Tómatelo con calma

Las mentes más brillantes de la humanidad siempre han entendido que el placer es mejor cuando se toma a sorbos pequeños.

Alarga una comida exquisita. Relájate en entornos hermosos. Piérdete en un bosque sereno o en un paisaje sorprendente.

4. Haz las cosas por puro placer

Liberarse de la presión de cumplir con una lista de tareas supone un alivio maravilloso.

Pierde el tiempo en la piscina. Sueña despierto a la sombra cuando el sol esté en lo más alto. Dibuja en el dorso de una servilleta. Lee otro capítulo de ese libro que eres incapaz de soltar. ¡Disfruta de la dulce sensación de no hacer nada de vez en cuando!

5. Abraza la serendipia

Las experiencias más ricas suelen ser las que no están planeadas ni programadas.

No satures tu horario. Recréate en los placeres accidentales. Distráete con una gran idea o un pequeño detalle. Date un capricho. Échate una siesta deliciosa después de comer.

6. Abre la mente

Aprender y experimentar cosas nuevas te llena de entusiasmo y determinación.

Sumérgete en otra cultura. Prueba un idioma nuevo o una comida extraña. Hazte maestro del arte de observar a la gente. Pídele a un lugareño que te enseñe a escoger el mejor tomate en un mercado.

7. Conecta con otros

Las relaciones prosperan gracias a dos cosas que solo bajar el ritmo puede proporcionarte: tiempo y atención.

Comparte momentos significativos y llenos de emociones con tus seres queridos. Conecta con los desconocidos que conozcas por el camino. Escucha las historias de los demás y cuenta las tuyas.

8. Reconecta contigo

Mirar hacia el interior te ayuda a descubrir quién eres y cómo quieres estar en el mundo.

Deja marinar los pensamientos profundos. Escucha los susurros de tu corazón. Reflexiona sobre la vida. Sopesa tu siguiente paso. Vuelve a casa recargado, reprogramado, reiniciado.

9. Honra tus ritmos

No hay nada más exquisito que seguir tu propia inercia.

Come cuando tengas hambre. Duerme cuando estés cansado. Súbete a un globo aerostático cuando te apetezca un subidón de adrenalina. Juega a las cartas perezosamente cuando ansíes lentitud. Viaja a tu ritmo y en tu momento.

10. Elimina las distracciones

Desconectar de la tecnología te ayuda a experimentar el mundo más profundamente.

Disfruta de la serenidad de alejarte de las pantallas. Redescubre la maravilla y el atractivo de hacer las cosas de una en una. Recupera la concentración. Envuélvete en el silencio tranquilizador.

11. Forja recuerdos para toda la vida

Bajar el ritmo contribuye a que todo momento deje una huella más profunda.

Dedica tiempo a integrar experiencias. Involucra todos tus sentidos. Dibuja lo que ves. Escribe lo que sientes. Piensa en lo que oyes. Convierte los mejores momentos en historias que contar, a ti mismo y a los demás, en años venideros.

12. Anda con cuidado por el planeta

Viajar puede ir de la mano con proteger a la Madre Naturaleza.

Usa medios de transporte que sean menos dañinos para el planeta. Compra productos locales. Consume con sensatez. Trata los lugares que visitas como te gustaría que los demás trataran tu casa.

Carl Honoré es un escritor galardonado y la voz del movimiento Slow. Sus libros superventas sobre los beneficios de tomarse la vida con calma se han publicado en treinta y cinco idiomas. Mientras se documentaba para su primer libro, *Elogio de la lentitud*, le pusieron una multa por exceso de velocidad.

Kevin y Kristen Howdeshell son marido y mujer y son los fundadores de The Brave Union Studio en Kansas City, Misuri.

Publicado por primera vez en el Reino Unido en 2022 por Magic Cat Publishing Ltd con el título *It's the Journey Not the Destination*

Texto © Carl Honoré, 2022
Ilustraciones de Kevin y Kristen Howdeshell, 2022
Dirección editorial de Rachel Williams y Jenny Broom
Diseño de Nicola Price

De esta edición © Editorial Flamboyant, S. L., 2022
Gran Via de les Corts Catalanes, 669 bis, 4.º 2.ª Barcelona (08013)
www.editorialflamboyant.com

Traducción del inglés © Ana Isabel Sánchez, 2022
Corrección de Raúl Alonso Alemany

Primera edición: octubre de 2022
ISBN: 978-84-18304-92-7
DL: B 10093-2022
Impreso en China

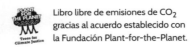

Libro libre de emisiones de CO_2 gracias al acuerdo establecido con la Fundación Plant-for-the-Planet.

MIXTO
Papel procedente de fuentes responsables
FSC® C104723